すぐに役立つ

入門図解

特許・商標の法律と出願・申請手続き

弁理士
渡辺 弘司［監修］

三修社

本書に関するお問い合わせについて

本書の記述の正誤に関するお問い合わせにつきましては、お手数ですが、小社あてに郵便・ファックス・メールでお願いします。大変恐縮ですが、お電話でのお問い合わせはお受けしておりません。内容によっては、お問い合わせをお受けしてから回答をご送付するまでに1週間から2週間程度を要する場合があります。

なお、本書でとりあげていない事項についてのご質問、個別の案件についてのご相談、監修者紹介の可否については回答をさせていただくことができません。あらかじめご了承ください。

はじめに

現代のビジネスにおいて、特許や商標などの知的財産権は企業活動を行う上で非常に重要な位置を占めています。特許や商標を戦略的に活用することは、製品の差別化やブランド力の向上につながり、企業の競争力を高めることができます。

特許は、新たな発明を一定期間独占的に保護する制度です。これにより、企業などの研究開発意欲が刺激され、産業の発達につながります。一方、商標は、商品やサービスのブランド価値を法的に保護するもので、ブランド力の維持や向上には欠かせない存在です。自社技術やブランドの価値を長期にわたって維持し続けるためには、特許権や商標権の取得と活用が不可欠な要素といえるでしょう。

しかし、特許や商標に関する法律知識は専門的で、一般の方にはなじみが薄く、理解が難しい面があり、どうしてもハードルが高く感じられがちです。本書では専門家ではない一般の方が理解しやすいように、図表などを用いながら、特許や商標に関する制度について、特許を補完する役割を果たしている実用新案制度も含めて説明しています。具体的には、特許・実用新案・商標の出願や申請の手続き、権利の範囲、権利侵害への対応など、実務に役立つ内容が充実しています。また、特許庁へ提出する書類の具体例も掲載されており、提出する際の具体的なイメージがつかみやすくなっています。

また、知的財産権に関する法改正は継続的に行われ、ビジネス環境は日々変化しています。そのため、特許などの最新情報を知ることはビジネスを展開する上で非常に重要です。本書では、近年施行された特許法などの改正内容も丁寧に解説しており、最新の制度について正しく理解する一助となることを願っています。

読者の皆さまが、本書を手に取って特許・実用新案・商標への理解を深め、これらを上手く活用することで皆さまのビジネスの発展に少しでも役立てていただければ幸いです。

監修者　弁理士　渡辺　弘司

Contents

はじめに

序　章　特許・商標の全体像

1 特許権・実用新案権とはどのような権利なのか　10
2 商標権と商標法について知っておこう　13
Column　弁理士・弁護士の仕事　16

第１章　特許権・実用新案権のしくみと出願手続き

1 発明について知っておこう　18
2 特許を受けられる発明について知っておこう　20
3 先願主義と出願公開・優先権制度について知っておこう　22
4 特許出願の審査について知っておこう　24
5 職務発明について知っておこう　26
書式　職務発明規程　30
6 特許情報とはどのようなものなのか　33
資料　国際特許分類表　35
7 特許調査の仕方について知っておこう　38
8 特許権取得にはどのくらいの費用がかかるのか　40
9 出願書類と出願方法について知っておこう　42
書式　特許出願　願書　44
書式　特許出願　特許請求の範囲　45
書式　特許出願　要約書　45
書式　特許出願　明細書　46
書式　特許出願　図面　49
10 出願の効果について知っておこう　50
書式　特許出願　出願公開請求書　52
資料　公開特許公報　53

11 出願審査を請求する 54
書式 特許出願　出願審査請求書 56
12 早期審査請求制度について知っておこう 57
13 拒絶理由通知書への対処法について知っておこう 59
書式 特許出願　拒絶理由通知書 61
書式 特許出願　意見書 63
書式 特許出願　手続補正書 64
書式 特許出願　拒絶査定不服審判請求書 65
14 専用実施権や通常実施権などのライセンス契約について知っておこう 67
書式 特許権通常実施権設定契約書 69
書式 特許権専用実施権設定契約書 72
15 特許権の存続期間や消滅・延長させる場合はどうなるのか 76
書式 特許権存続期間延長登録願 78
16 特許権を移転したい場合にはどうすればよいのか 79
書式 特許権移転登録申請書（一般承継・遺産分割協議書付） 81
書式 特許権移転登録申請書（特定承継・権利譲渡証書付） 83
書式 特許権譲渡契約書 85
書式 特許権譲渡証書（単独申請承諾書付） 87
書式 出願人名義変更届 88
書式 特許を受ける権利の譲渡証書 89
17 氏名・住所を変更させる場合の手続きについて知っておこう 90
書式 登録名義人の表示変更登録申請書（会社の名称変更の場合） 92
書式 登録名義人の表示変更登録申請書（個人の住所変更の場合） 93
書式 氏名（名称）変更届 94
書式 住所（居所）変更届 94
18 異議申立て・審判・審決取消訴訟について知っておこう 95
書式 特許無効審判請求書 100

19 外国への特許出願について知っておこう 104
20 さまざまな特許権への制約について知っておこう 106
21 実用新案登録はどのようにすればよいのか 108
22 実用新案の登録要件について知っておこう 110
23 実用新案登録出願の手続きについて知っておこう 112
書式　実用新案登録出願　願書 115
書式　実用新案技術評価請求書 116
書式　実用新案登録出願　実用新案登録請求の範囲 116
書式　実用新案技術評価書 117
24 実用新案登録に基づく特許出願制度について知っておこう 120
Column　知的財産権についての訴訟と手続き 122

第２章　商標権のしくみと出願手続き

1 商標登録はブランドを守る 124
2 商標にはどんな形式があるのか 126
3 商標権を取得する 128
4 使用する商標を登録するには 130
5 商品と役務について知っておこう 133
6 商品及び役務の区分について知っておこう 135
資料　商品・役務区分表 139
7 類似性の判断について知っておこう 141
8 称呼に関する商標調査について知っておこう 143
9 図形に関する商標調査について知っておこう 145
10 区分を確定する 147
11 他人のマークとの抵触をどのように防止すればよいのか 149

12 立体商標のしくみについて知っておこう 151
13 登録ができない商標もある 153
14 小売等役務商標制度について知っておこう 157
15 団体商標・地域団体商標のしくみについて知っておこう 159
16 ありふれた名称を登録することもできる 163
17 商標登録出願の方法について知っておこう 165
資料 商標法第５条第３項に規定する標準文字 167
書式 商標登録出願　願書 168
書式 立体商標登録出願　願書 169
書式 団体商標登録出願　願書 172
書式 地域団体商標登録出願　願書 173
書式 防護標章登録出願　願書 174
18 出願から登録までの流れをおさえよう 175
19 方式審査と補正命令について知っておこう 179
書式 商標登録出願　手続補正書 181
書式 商標登録出願　手続補完書 182
20 実体審査と拒絶理由について知っておこう 183
書式 商標登録出願　拒絶理由通知書 185
21 拒絶査定について知っておこう 186
書式 商標登録出願　意見書 188
書式 商標登録出願　拒絶査定不服審判請求書 189
22 登録査定と登録料納付について知っておこう 192
23 商標登録証の交付と商標公報の発行について知っておこう 194
資料 商標公報サンプル 196
24 登録に問題がある場合について知っておこう 197
25 商標権は財産として活用できる 199

書式　商標権譲渡契約書　200
書式　商標権譲渡証書　201
26 専用使用権と通常使用権について知っておこう　202
書式　商標使用許諾契約書（専用使用権）　204
書式　商標使用許諾証書（専用使用権）　208
27 商標権の効力・存続期間・更新について知っておこう　209
書式　商標権存続期間更新登録申請書　211
書式　防護標章登録の更新登録出願　願書　212
28 国際登録出願について知っておこう　213

第３章　特許権・商標権の侵害・対策・法的手段

1 権利はどのように侵害されるのか　216
書式　差止請求書　221
2 特許権・商標権侵害と警告への対策について知っておこう　222
書式　商標権侵害に対して警告する場合　225
書式　商標権侵害の警告に対する回答書　226
3 内容証明郵便の書き方、出し方について知っておこう　227
4 海外で侵害を受けたらどうする　229

巻末資料　特許情報プラットフォーム、インターネット出願などの知識

1 特許情報プラットフォームのしくみ　232
2 特許庁への納付方法　238
3 インターネット出願の方法　242
4 申請手続のデジタル化　246

序章

特許・商標の全体像

1 特許権・実用新案権とはどのような権利なのか

特許は発明、実用新案は小発明

◉ 知的財産権とは

人間の精神活動、知的な活動から生まれるアイデアなどで、財産的価値があるものを**知的財産**といいます。知的財産の権利は、登録により発生するものと、創作により直ちに発生するものがあります。特許権、実用新案権、意匠権、商標権などは特許庁に、回路配置利用権は経済産業省に、育成者権は農林水産省に登録することにより権利が発生します。これに対し、著作権、著作隣接権は、登録することなく創作された時点で権利が発生します。

また、産業は自由で公平な競争の中で、発展や進歩が得られます。苦労して生み出した技術やデザインを盗用されても、泣き寝入りするような状況では、公平な競争とはいえず、競争意欲もそがれてしまい、産業の発達を妨げます。このように、産業の発達のために認められているのが、特許権、実用新案権、意匠権、商標権の４つの権利です。これらを**産業財産権**と呼んでいます。

なお、海外へ輸出する商品も原則として産業財産権によって保護されますが、どの国もこれら４つの産業財産権で保護しているわけではありません。海外との取引があるときには、相手国の産業財産権や、日本との条約関係を確認する必要があります。

◉ 特許制度の歴史

知的財産というと、まず特許を思い浮かべる人も多いでしょう。特許権とは、発明を使って独占的に製品を製造・販売することのできる権利のことです。

何か新しいものを創り出せばそれがすべて発明と認められるというわけではありません。特許法でいう**発明**とは、自然法則を利用した技術的思想の創作のうち高度のものをいいます。発明のうち、特許法に規定されている要件を満たし、特許庁の審査を通過した発明だけが特許となります。

特許制度はかなり古い歴史をもっています。そもそも特許はルネッサンス期のイタリアで1474年に公布された「ヴェネツィア共和国発明者条例」というものがはじまりです。この制度はヨーロッパ諸国に拡大し、その後イギリスで、国王の独占を排除して発明者の権利を守る特許制度が1624年に作られました（英国専売条例）。これが現在の特許制度の原型です。

その後、特許制度は産業革命と共に発展してきましたが、日本の特許制度は、産業が近代化された1885年の「専売特許条例」が最初です。日本でも産業の発展に伴って特許制度の整備が進み、現在の特許法は1959年の改正法が原型となっています。

こうして、知的財産の重要性が認識されるにつれて、時代の要請などに応えて頻繁に法改正が行われ、現在の制度ができました。

■ 産業財産権とその他の知的財産権

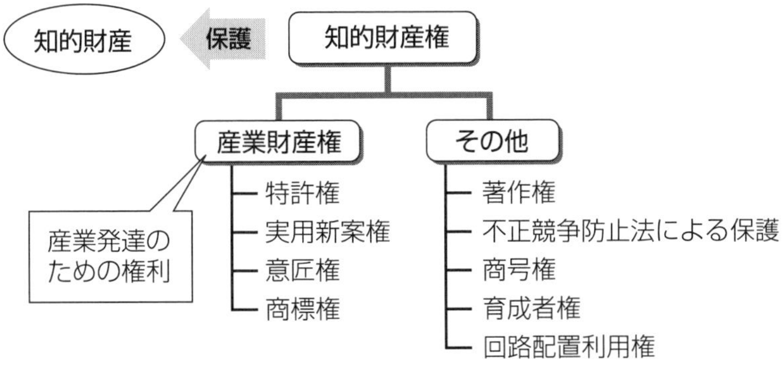

◉ 特許権の効力

特許の対象となった技術については、特許の権利者だけが使うことができ、その技術を用いて独占的に商売をすることができます。権利が侵害されると、差止請求や損害賠償請求ができます。また、自分が取得した特許について、他人が利用するためのライセンス契約を結ぶこともできます。

なお、特許権の効力の及ぶ範囲は、その国の領土内であるとされ、領土外には及びません。

特許権を取得するためには、特許庁に出願し、審査を受けて、特許査定を受けなければなりません。特許を設定登録するには、特許査定後、特許査定の謄本が送られてから30日以内に、当初３年分の特許料を納付しなければなりません。特許料の納付がすむと、正式に特許権の設定登録が行われ、特許権の取得となります。

また、存続期間満了、特許料不納、無効審決の確定、相続人の不存在、特許権の放棄、独占禁止法100条による特許取消などの事由が生じた場合には、特許権は消滅します。

◉ 実用新案権とは

実用新案権とは、特許を与えるまでにはいかない、考案と呼ばれる小さな発明を保護する権利です。実用新案法に規定があります。

特許と同様、自然法則による技術的思想の創作が実用新案として登録されますが、特許ほどの高度さは求められません。また、実用新案の出願は実体的審査を受けずに登録されます。特許に比べて権利期間が短く、出願から10年で権利が消滅します。

権利を不当に侵害された実用新案権者が差止請求や損害賠償請求をする場合、あらかじめ相手方に対して、特許庁の審査官が作成した「実用新案技術評価書」を提示して警告しなければなりません。

2 商標権と商標法について知っておこう

ブランドは財産価値が高く、法的に保護しなければならない

◉ ブランドは企業の財産であり信用の基準である

世の中にあるものには、例外はないといってよいほど、名前（name）がつけられています。もし、誰も知らないものが発見された場合や、新しいものが発明された場合には、何らかの形で名前をつけるのが通常です。太陽系の中で新しい衛星が発見されたり、新種の動植物が発見された場合や新発明が完成した場合には、発見した人や発明した人が名前をつけることが多いようです。このように名前をつける行為を、**ネーミング**（naming）といいます。

ネーミングには**ブランド**としての意味があります。商品が評価されて、継続して消費され続けていると、その商品名自体に対して社会的信用が発生します。企業に対しても、同じことがいえます。良好な経営を続けていると、企業名自体に信用が生じてきます。その企業名を信じて、安心して取引に入ることができるようになるのです。

産業社会では、企業と企業の提供する商品や役務（サービス）の持つブランドイメージは、非常に大切です。息の長い経済活動によって培われた信用は、消費者にとっては消費行動を決定する重要な要素といえます。このブランドイメージを象徴するマークを保護しようとする制度が**商標制度**です。そして、商標は、商標法という法律によって規定されています。

商品やサービスに結びついたネーミングは、商標登録されていると、商標法によって厚く法的に保護されます。具体的には、同一または類似のネーミングの使用差止めや損害賠償請求が認められます。

ただし、商標登録がなされていなくても、不正競争防止法によって

すでに広く知られているものと類似のネーミングが排除される場合もありますし、会社名や店舗名を商号登記する際は会社法や商法で他人が同じ場所で同じネーミングをすることが禁止されています。

◉ 商標と商標権

保護されるブランドイメージを象徴するマークが**商標**です。商標法によると商標の正確な定義は、「文字、図形、記号、立体的形状もしくは色彩またはこれらの結合、音その他政令で定めるもの（標章という）であって、商品または役務について使用するもの」となっています。なお、**役務**とはサービスのことです。

「商品または役務について使用するもの」とありますが、これは、商標が特定の商品や役務とつながっていることを意味します。商品や役務と何ら関係していないものは、商標として保護されません。

また、商品や役務が特定されていれば、それが複数にわたってもかまいません。たとえば、ひとつの商標について、文房具・靴・洋服など複数の商品を指定して商標登録を受けることができます。

商標を保護しているのが**商標権**です。商標権とは、「指定商品または指定役務について、登録商標を独占排他的に使用することができる権利」です。

出願した商標が登録されると、商標権が発生し、出願した個人・法人は商標権者となります。商標権者は、商標権が侵害されたときに、侵害者に対して侵害行為をやめるように要求することができます。また、侵害行為によって損害が発生した場合には、侵害者に対して損害賠償を請求することができます。

商標権の存続期間は登録の日から10年ですが、更新することによって永久に存続させることができます。権利の更新ができるという点は、特許権や意匠権など他の産業財産権にはない商標権だけの特徴です。

◉ おもな登録要件は３つある

商標は、著作物を創作した時点で自動的に権利が発生する著作権とは異なり、特許庁で登録しなければ権利として保護されません。登録のおもな要件は、以下の３つです。

① 自己の業務に係る商品または役務について使用する商標であること
② 自他商品または役務（サービス）の識別力を有する商標であること
③ 商標登録を受けることができない商標でないこと

◉ 意匠との関係

商標がロゴの場合、そのロゴの形、**デザイン**が重要です。

デザインについて保護する知的財産制度に**意匠権**があります。

意匠とは、少し古めかしい言葉ですが、デザインのことです。そして、洋服、食器、家電製品から自動車などに至るまで、大量生産される工業製品のデザインを保護するのが意匠権です。

デザインであればすべて意匠権の問題のようにも思えますが、意匠権の対象は工業製品のデザインですから、美的であっても工業製品でないものは意匠権では保護されません。

ロゴマークは、大量生産される工業製品のデザインではないため、意匠ではなく商標として保護を受けることになります。

■ ネーミングのもつ意味

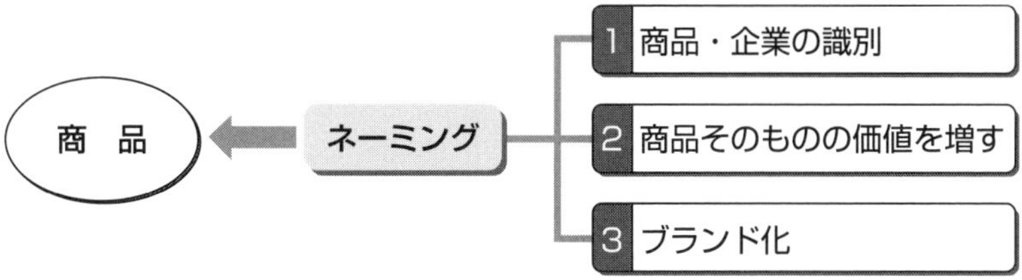

Column

弁理士・弁護士の仕事

知的財産の専門家である弁理士は、実用化前の最先端の科学技術を詳細に文章化する業務や、すでに同じアイデアが出願されていないかを調査するといった出願にかかわる業務の他、知的財産に関する相談やライセンス契約についてアドバイスを行い、輸入品について知的財産権上の観点から問題がないかを判断するなど、幅広く活躍しています。平成26年の弁理士法改正により、明文でも「知的財産に関する専門家」（１条）と規定されました。

一方、法律全般の専門家である弁護士は、侵害訴訟に発展した場合に、訴訟の代理人として活躍します。しかし、必ずしも知的財産に精通している弁護士ばかりではありません。一方で特定侵害訴訟代理業務の付記登録を受けた「付記弁理士」は、知的財産に係る侵害訴訟について、弁護士と共同で代理することで訴訟代理人として関与することが認められています。

弁理士や弁護士に依頼する場合、それぞれの専門分野や（弁理士の場合）付記登録の有無を確かめた方がよいでしょう。

■ 弁理士・弁護士の仕事

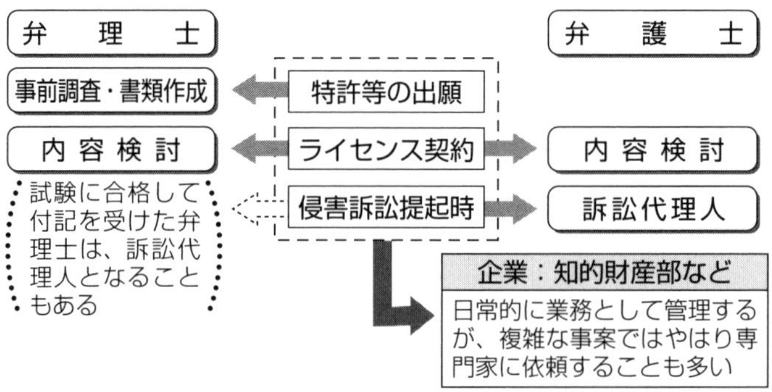

第１章

特許権・実用新案権のしくみと出願手続き

1 発明について知っておこう

自然法則を利用した技術的思想の創作のうち高度のもの

◉ 発明とはアイデアのこと

発明とは、自然法則を利用した技術的思想の創作のうち高度のものをいいます。発明というと、一般的には、その発想によってできあがった機械そのもののことを意味するようにも思いがちですが、発明とは、発想そのもの、つまりアイデアそのもののことを指します。

発明には、大きく分けて、物の発明と方法の発明と呼ばれるものがあります。**物の発明**とは、抽象的なアイデアが物として具体化される場合のことを意味します。これに対し、**方法の発明**とは、アイデアが物を創り出す手段、プロセスとして具体化される場合のことを意味します。この方法の発明には、さらに2種類あり、方法を使用した結果、生産物が伴う場合を「物を生産する方法の発明」といい、生産物が伴わない場合を、「単純方法の発明」といいます。

発明には、工業分野に限られず、農業や水産業などに関するアイデアも含まれます。

◉ 特許法上の発明は限定的

私たちは、よいアイデアが生まれれば、広い意味でそれを発明と呼んでいます。それは、料理のレシピのこともあれば、ゲームの戦略、楽器の演奏や絵画の表現方法の思いつきもあるかもしれません。

これらのアイデアは、日常用語では発明です。しかし、特許法でいう発明は、より限定されたものです。それは、特許法が産業の発達に役立つ技術を保護することを目的としている法律だからです。特許法は、特許権を取得した人に強い権限を与えて、発明の苦労が実を結ぶことを助けます。その結果、経済的な恩恵を与えることもあります。これらを通して発明を奨励し、産業の発達につなげているのです。つまり、発明イコール特許ではなく、特許法に規定されている要件を満たし、特許庁の審査を通過した発明だけが特許となります。ここでは特許法で保護する発明を４つに分けて整理をしてみましょう。

①　自然法則を利用すること

自然法則とは、自然界の経験則のことです。学校で教わる「慣性の法則」などはこの代表です。たとえば、ある化学物質と別の化学物質を混合させると発熱する、という法則を応用して、暖房器具やカイロを作り出すことは自然法則を利用しているといえます。

②　技術的思想であること

何か特定の作業をするときに、技術的な問題が生まれることはよくあります。それを解決する技術的な方法や手段としての思想です。

③　創作であること

新しく創り出したものであることが特許法の発明には必要です。すでに誰もが知っている自明なものは新しいとはいえません。また、自然界にあるものを見つけるだけでは、「発見」にはなりますが、発明ではありません。

④　高度なものであること

創作が高度ではないものは、発明とはいえません。ただし、実用新案の考案として認められる場合はあります。

■ 発明の要件

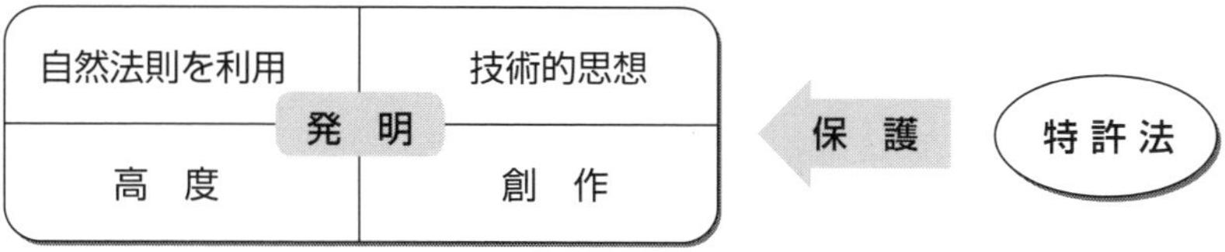

2 特許を受けられる発明について知っておこう

特許法に規定された要件をすべて満たす必要がある

◉ 特許法が規定する要件とは

特許法では、特許を受けられる発明の要件を規定しています。具体的には、①産業上利用可能なものであること、②新しく創り出されたものであること、③容易に考え出せるものではないこと、④先に出願されていないこと、⑤公序良俗に反しないこと、⑥明細書の記載が規定どおりになっていること、などです。

①　産業上利用できること

発明に特許が認められているのは、それが産業の発達に貢献するからです。発明が特許として扱われるには、産業上利用できるものでなければなりません。また、いかにすぐれた技術であっても、人間を手術・治療または診断する方法や学問的・実験的にのみ利用される発明などは、人が発明したものであっても、産業上利用できるものではないので、特許権はとれません。

②　新規性があること

発明に対して特許権が与えられるのは、それが客観的に見て新しい創作技術として産業の発達に資するからです。そこで、新規性も要件となります。逆にいえば、その発明が新しいものではなく、陳腐なものであれば、特許は認められません。たとえば、出願しようとする発明が、すでにマスコミなどで報じられている場合には、新規性がありません。公に実施されている場合、各種の文献・インターネットなどで公表済みの場合も同様です。

③　進歩性があること

誰でも簡単に創作できるものであれば、権利として保護に値しません。そのため、その分野の専門家を基準として、容易に創作できる場合には、特許を受けることはできないことになっています。

④　先願であること

特許権が与えられるためには、誰よりも先に出願し、登録されなければなりません。「先んずれば人を制す」という言葉がありますが、特許制度には、まさにこの言葉があてはまるのです。つまり、特許制度では最も先に出願した出願人だけが特許を受けることができるという「先願主義」が採用されています。

⑤　公序良俗に反しないこと

特許制度は、国が公に発明の財産的な価値を認めて、法的に保護する制度です。そのため、当然のことですが、公序良俗に反する発明に特許権は認められません。

⑥　明細書の記載についての要件

特許を受けられる要件として、発明の明細書の記載が一定の要件を満たすことが必要とされています。具体的には、その発明の分野の専門家が実施できる程度に十分かつ明確であることが要件とされています。

■ 特許が認められるための要件

すべての要件を満たすことが必要

- 産業上利用できること
- 新規性 … 発明が客観的に新しいこと
- 進歩性 … その分野の専門家が容易に創作できないこと
- 先　願 … 先の出願であること
- 公序良俗に反しないこと … 公の秩序・善良の風俗に反しないこと
- その他 … 明細書の記載が適切であることなど

3

先願主義と出願公開・優先権制度について知っておこう

誰に特許権を認めるかの問題

◉ 先願主義と先発明主義

特許権は権利者に独占権を与えるものですので、特許の重複が起こらないようにしなければなりません。そのため、同じ発明をした者が複数いるようなケースでは、誰に権利を認めるべきかが問題となります。この問題の解決方法として２つの方法があります。

１つは**先願主義**、もう１つは**先発明主義**です。先発明主義とは、最初に発明をした者に権利を与える方法です。しかし、先発明主義には、誰が最初に発明したかの認定が難しく不明確であるという欠点があります。そこで、日本など多くの国では、特許庁などの監督機関に先に出願した者に権利を与える先願主義を採用しています。先願主義によると、どちらが先に発明したかではなく、出願した日が別であれば早い日に出願した人が優先され、出願した日が同じだった場合には協議により特許を受ける人を決定することになります（特許法39条）。

◉ 出願公開制度と優先権制度

特許制度は、特許権者に対して独占排他的な権利を認めます。その代わり、特許権の取得をめざして出願された発明については、公開することが要求されています。この新しい発明の情報が公開されることによって、その発明の利用とより高度な発明が促進され、産業が発達することになるからです。

ただ、この公開は、原則として出願されてから１年６か月後に行われます。そのため、自分が創作した発明が、まだ出願されていないかを調べて、該当するものを見つけられなかったとしても、すでに誰かが出願しているが公開される前だったというケースがあるので注意しましょう。その場合には、たとえ知らずに後から出願したとしても、先に出願した者に特許権が与えられることになります。

優先権制度とは、特許出願をした後、出願した発明に基づく後の出願をした場合、先の出願内容については先の出願日を基準にして取り扱われる制度のことをいいます。

優先権には、パリ優先権と国内優先権があり、それぞれ優先権が適用される条件が異なります。**パリ優先権制度**は、パリ条約によって認められているものです。これは、日本に出願した内容を外国にも出願するときに適用される制度です。

これに対して**国内優先権制度**は、日本に出願した後に、出願した発明に基づく改良発明などを含めて新たな出願として日本特許庁にすることができる制度です。その場合、先の出願に記載した内容に関しては先の出願日を基準として取り扱われ、後の出願で新たに追加した内容に関しては、後の出願日を基準として取り扱われます。この国内優先権主張出願は、先の出願日から１年以内にする必要があります。

なお、先の出願は、その出願の日から経済産業省令で定める期間を経過した時に取り下げたものとみなされます。

■ 出願公開制度の位置付け

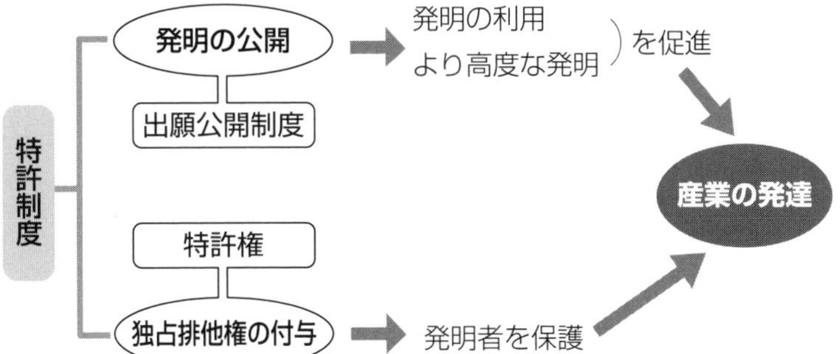

4 特許出願の審査について知っておこう

特許庁に出願して審査をクリアした発明だけが特許になる

◉ 特許庁への出願

特許権取得までの流れを簡単に見ていきましょう。

① 特許庁への出願

出願は、願書を特許庁へ提出することによって始まります。現在は、パソコンを利用したインターネット出願が多くなっています。

② 出願の公開

出願した日から原則として1年6か月経過すると、出願内容は特許庁が発行する「公開特許公報」に掲載されます。これにより、出願内容が全国的に公開されることになります。

③ 審査の請求

特許庁は、特許出願されたすべての発明について、審査するわけではありません。審査請求料を支払って、出願審査の請求があったものだけを審査します。審査請求は出願人でなくても誰でもできますが、出願から3年以内に請求がないと、出願は取り下げられたものとみなされ、以後権利化することができなくなります。

④ 審査官による審査

審査請求がなされると、特許庁の審査官によって、出願された発明が特許の要件を満たしているかどうかが審査されます。

⑤ 登録

出願された発明が特許要件を満たしていると判断されると、特許査定がなされます。それから、出願人が特許料を納付することによって、その発明は、特許原簿に登録されます。この時点で初めて特許権が発生します。特許原簿に登録後は、特許証が出願人に送付されます。

⑥　特許公報への掲載

特許原簿に登録されると、その技術内容が、特許庁の発行する「特許掲載公報」に掲載されます。その内容を見て不服がある第三者は、特許庁に対し特許異議の申立てをすることができます。

⑦　拒絶理由がある場合

審査中に、発明が特許の要件を満たしていないと判断される場合は、まず審査官から拒絶理由通知により問題点が指摘されます。これに対し、出願人は、その問題点を解消するための意見書や補正書を提出することができます。この意見書、補正書は、拒絶理由通知で指定された期間（通常60日）内に提出しなければなりません。しかし、提出された意見書や補正書を見てもやはり要件を満たしていないと判断された場合は、出願を拒絶する査定がなされます。

ただし、この拒絶査定に不服がある出願人は、特許庁に拒絶査定不服審判を請求することもできます。

■ 出願から特許取得まで ……………………………………………

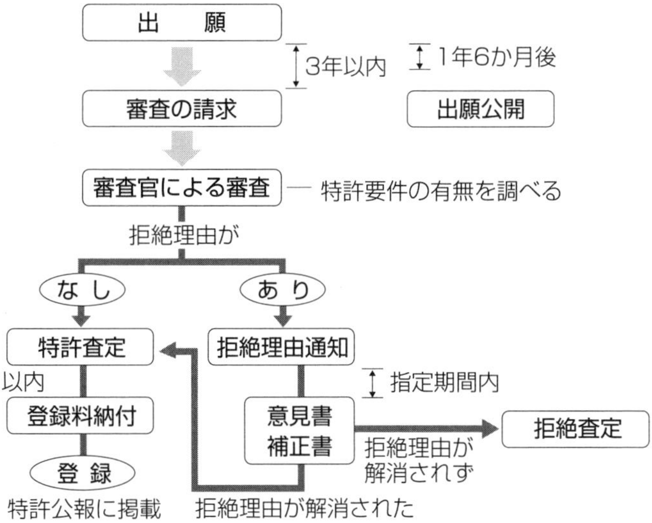

5 職務発明について知っておこう

特許を受ける権利を会社が最初から取得できることもある

◉ 法人の特許出願と法律の対応

わが国の特許出願は、圧倒的に法人によるものが多数です。特許制度が産業の発達を支える制度であることが反映されています。

しかし、法人の出願といっても、法人そのものが発明したわけではなく、そこに勤務する従業員などによる研究や開発のたまものなのです。そうだとすると、経済的な効果も大きい特許権は、企業のような法人のものなのか、それともそこで働く従業員個人のものなのかは、常に問題となります。このような従業員の発明は、職務発明、業務発明、自由発明の３つに区分して、考えられています。会社の業務範囲内かつ従業員の職務範囲内の発明であれば**職務発明**、会社の業務範囲内で従業員の職務範囲外の発明であれば**業務発明**、会社の業務範囲外かつ従業員の職務範囲外の発明であれば**自由発明**です。

この３区分のうち、権利の調整が一番難しいのは職務発明です。なお、職務発明は、広く使用者・法人・国・地方公共団体と従業者・法人の役員・国家公務員・地方公務員の間で発生しますが、ここでは会社と従業員の例で、以下説明していきます。

◉ 職務発明制度についての定め

職務発明制度については、平成27年の法改正により大きな変更がありました。法改正前は、発明した時点で特許を受ける権利を取得するのは発明者だけでした。会社が特許を受ける権利を取得するためには、従業員との個別の契約や雇用契約・就業規則などにより権利の譲渡を受け承継して取得するしかありませんでした。しかし、共同研究による発明で特許を受ける権利が他社や大学との共有である場合、他社などの発明者の同意も得ないと自社の発明者の特許を受ける権利の持分も会社は承継できないという問題などがありました。

法改正により、会社が従業員と職務発明について契約・勤務規則などであらかじめ会社に特許を受ける権利を取得させることを定めていた場合は、会社が特許を受ける権利をその発生時から原始取得できることになりました。そのため、この定めがあるかどうかによって、職務発明の扱いが異なります。

まず定めていなかった場合について説明します。この場合、職務発明した時点で特許を受ける権利はまず発明者である従業員に発生し、特許を受ける権利を従業員が原始取得します。もし、従業員がそのまま自分で出願したり、第三者に権利を譲渡したりして特許となると、会社は特許権者となることはできません。ただし、会社にその特許権の通常実施権は発生するので、特許発明の実施をすることはできますが、会社は特許権者ではないので独占的に実施することはできません。

もっとも、従業員から特許を受ける権利の譲渡を受けることができれば、会社が特許出願して特許権者となり、特許発明を独占的に実施することもできるようになります。

■ 発明の種類と職務発明制度

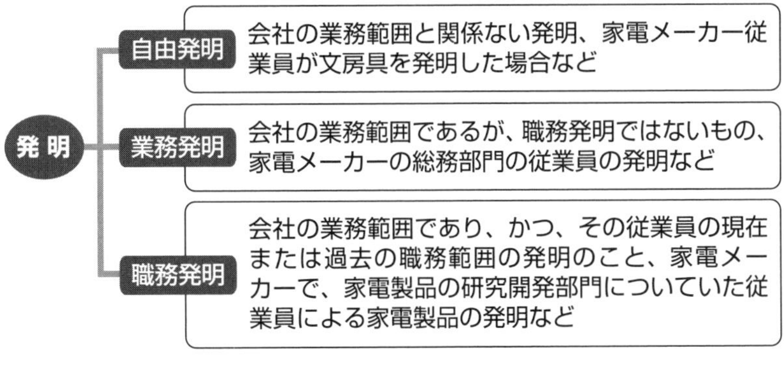

次に会社に特許を受ける権利を取得させることを定めていた場合は、従業員が職務発明した時点で権利は会社に発生し、特許を受ける権利を会社が原始取得します。したがって、会社が出願して特許権者となれば、特許発明を独占的に実施することができます。また、共同研究による発明の際、他社などの発明者の同意を得ることなく、特許を受ける権利の持分をその発生時から取得できるようになりました。

◉ 従業員が受けられる相当の利益

会社が特許を受ける権利を原始取得した場合も、従業員から譲り受けて承継取得した場合も、従業員は会社に対し相当の利益を請求することができます。相当の利益とは、金銭だけでなく、留学の機会の付与、ストックオプションの付与などを含む経済上の利益のことをいいます。法改正前は相当の対価と規定され、金銭のみが報酬として認められていましたが、法改正により金銭以外の経済上の利益についても報酬として認められるようになりました。

相当の利益は、会社と従業員間で定めた職務発明規程などに基づいて発明者に付与されます。職務発明規程などは、経済産業大臣が定める指針に従ったものでなければなりません。この指針のことを特許法第35条6項の指針（ガイドライン）といい、平成28年4月22日に経済産業省告示として公表されています。

◉ 指針には何が記載されているのか

相当の利益を確定するまでの一連の流れは、図（次ページ）のようになっています。指針には、これらの流れのうち、①基準案の協議、②基準の開示、③意見の聴取、の3項目について、その手続きの適正なあり方が記載されています。

たとえば、①の基準案の協議においては、協議に際して会社側が従業員側に提示することが必要とされる資料について例示しています。

具体的には、基準案の内容、従業員の処遇、会社側の受ける利益・費用負担・リスク、研究開発内容や環境の充実度や自由度、同業他社の基準などが挙げられています。

また、②の基準の開示においては、確定した基準の適正な開示方法が例示されています。具体的には、従業員の見やすい場所へ掲示をする、従業員に書面を交付する、従業員が常時閲覧できるイントラネット（企業内のネットワーク）で開示する、インターネット上のウェブサイトで開示する、などといった方法が挙げられています。

③の意見の聴取においては、適正な意見の聴取方法のひとつとして、社内に異議申立制度を整備することなどが例示されています。

相当の利益を付与する手続きが、指針の内容に沿って実施されていない場合には、その手続きは不合理なものであると判断されます。不合理なものと判断された場合は、前もって社内で職務発明規程などを定めてあったとしても、その規定通りに相当の利益を決定することはできません。その発明により会社が受ける利益の額や会社が行う負担などを考慮して、相当の利益の内容を決め直すことになります。相当の利益についての基準があらかじめ定められていないときも同様です。

なお、業務発明や自由発明はこの指針の対象になっていませんので、原則として一般の発明と同じように扱われます。

■ 相当の利益を確定するまでの流れ

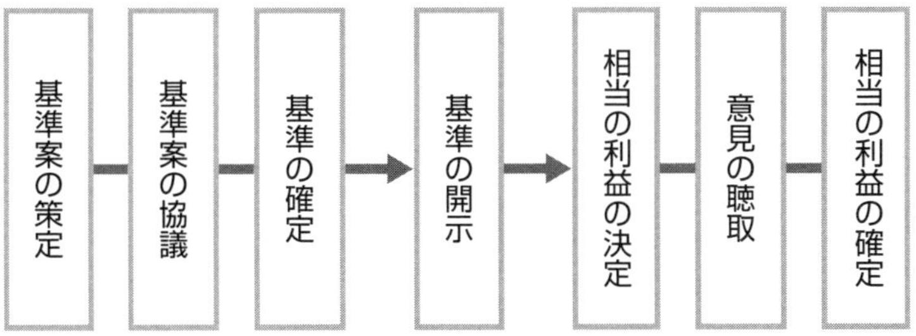

書式　職務発明規程

職務発明規程

第1条（目的）　本規程は、従業者等が行った職務発明の取扱いについて、必要な事項を定めるものとする。

第2条（用語の定義）　職務発明とは、その性質上会社の業務範囲に属し、かつ、その発明をするに至った行為が会社における従業者等の現在または過去の職務に属する発明として第5条に基づいて会社が認定したものをいう。

2　従業者等とは、会社に雇用されている従業員、会社の役員、会社で働いている出向社員・派遣社員をいう。

3　発明者とは、発明をした従業者等をいう。

第3条（権利の帰属）　職務発明は、その発明が完成したときに、会社が特許を受ける権利を取得する。

2　従業者等が社外の者と共同で職務発明をした場合、従業者等の発明に係る持分を会社が取得する。

第4条（発明の届出）　会社の業務範囲に属する発明をした従業者等は、速やかに発明届を作成し、会社に届け出なければならない。

2　前項の発明が2人以上の者によって共同でなされたものであるときは、前項の発明届を連名で作成し、各発明者の寄与率を記入するものとする。

第5条（職務発明の認定）　会社は、第4条の発明届の届出があったときは、その届出に係る発明が職務発明であるかどうかを認定し、職務発明であると認定したときは、その発明について特許を受ける権利を会社が取得する。

2　会社は、職務発明について特許を受ける権利を取得したときは、当該職務発明について特許出願を行い、若しくは行わず、またはその他処分する方法を決定する。

3　職務発明に関与した従業者等は、会社の行う特許出願その他特許を受けるために必要な措置に協力しなければならない。

第6条（職務発明委員会）　会社は、この規程を実施するため、職務発明委員会を置き、知的財産部が事務局となる。職務発明委員会は、職務発明の認定、特許を受ける権利の承継、実績報奨金、発明者の意見聴取などを審議する。

第７条（報奨金） 会社は、第５条第１項の規定により、職務発明について特許を受ける権利を取得したときは、発明者に次のような報奨金を支払う。

① 出願報奨金：特許出願１件につき１万円

② 登録報奨金：特許権設定登録１件につき２万円（分割出願または変更出願が設定登録された場合、登録報奨金のみを支払い、出願報奨金は支払わない）

③ 実績報奨金：会社が得た利益、発明の経済的価値（市場性など）、技術的価値（独創性・完成度・優位性など）、貢献度（他社牽制・社内活気・社会的認知など）を総合的に考慮し、個別に決定する。ただし、年間1,000万円を上限とする。

④ ノウハウ報奨金：会社が、特許を受ける権利を取得し、これをノウハウとするときは、出願報奨金と同額を支払う。

２ 発明者が２人以上いるときは、寄与率に応じて報奨金を分配する。

３ 外国出願の場合は、出願国の数にかかわらず１件分の登録報奨金のみを支払い、出願報奨金は支払わない。

４ 会社が職務発明に基づく特許権について第三者とクロスライセンスをした場合は、相手方からライセンスを受けている特許権の寄与によって実績報奨金は算定される。

第８条（報奨金の支払い） 報奨金の支払いは、次の時期に各従業者の銀行口座へ遅滞なく振り込むものとする。

① 出願報奨金の支払い：出願後

② 登録報奨金の支払い：権利設定登録があった後

③ 実績報奨金の支払い：年度末

第９条（実績報奨金の算定） 職務発明委員会は、特許権の実績報奨金について、職務発明委員会が定めた基準に従って暫定的に報奨金を算定し、その暫定報奨金について従業者等から意見や要望を聴取した後、それを真摯に検討して報奨金を決定する。

２ 職務発明委員会は、発明者が退職している場合、職務発明委員会が定めた基準に従って報奨金を支払い、その金額について退職者から意見の聴取を行う。

第10条（転職、退職または死亡したときの報奨金） 第７条の報奨金を受ける権利は、その権利に係る発明者が転職し、または退職した後も存続し、発明者が死亡したときは、その相続人が承継する。

２ 会社は、相当の注意を払ったが、発明者または相続人と連絡がとれない場合、報奨金の支払いを中止することができる。

第11条（秘密保持） 発明者および職務発明委員会の関係者は、発明の内容について必要な期間その秘密を保持しなければならない。

第12条（役員に対する支払い） 第７条の報奨金を受けるべき者が役員であるときは、取締役会の承認を得なければならない。

第13条（実用新案および意匠の取扱い） 本規程は、実用新案および意匠の取扱いについて準用する。ただし、報奨金については次のとおりとする。

① 出願報奨金：実用新案・意匠とも１件につき5,000円

② 登録報奨金：意匠権設定登録のみ１件につき１万円（実用新案権は無審査登録につき登録報奨金は支払わない）

第14条（職務発明規程の開示） 本規程は、従業者等がいつでも見られるように、各従業者等に配布し、社内イントラネット上に開示される。

附　則

1 この規程を変更または廃止する場合は、取締役会の承認を必要とする。

2 この規程は令和○年７月１日に制定し、同日実施する。

3 この規程は令和○年10月１日から改正し、同日実施する。

4 改正後の職務発明規程（以下「新規程」という）の適用は、新規程の施行後の出願分からとし、新規程施行前の出願分については、なお、従前の例による。

（制定・改廃記録）

制定　令和○年７月１日

改正　令和○年10月１日

6 特許情報とはどのようなものなのか

特許情報の収集は必要不可欠である

◉ 特許情報の必要性

個人や企業などが、新しい発明をしたり、その新しい発明を製品化しようとするときは、その発明に関する特許情報を調査しておくことが大切です。特許情報には、以下のような種類があります。

① 公開特許公報

特許が出願されると、出願してから１年６か月後に、出願内容について公開されます。これは、新しい発明を公にすることによって一層の技術革新が行われ、産業が発達することをねらいとしています。

具体的には、特許出願の書誌事項（出願番号、出願人など）、特許請求の範囲、明細書、図面、要約書などを閲覧することができます。インターネットやDVD-ROMにより、公報情報が提供されています。

② 特許掲載公報

審査で拒絶理由がないと判断され、特許として登録されたものについて、その内容を編纂して発行した情報です。これを調査することで、特許発明に関する権利内容を知ることができます。

③ 公開技報

発明内容に関する情報を提供しているのは、特許庁だけではありません。それ以外の団体でも情報の集約と公開を実施しているものがあります。一般社団法人発明推進協会では、技術開発に関する情報を集め、広く公開しています。企業間での重複開発を避けるために設けられたものです。公開技報には、多数の情報が蓄積されており、公開技報WEBサービスでも閲覧できます。情報提供の申込は、インターネットからでも可能です。

④　**登録実用新案公報**

特許と実用新案とは近いものなので、実用新案に関する情報も十分に調査しておく必要があります。登録実用新案公報は、出願し、登録された実用新案について公開したものです。

⑤　**IPC**

「国際特許分類」をIPCといいます。特許に関連する情報を技術ごとに、次ページのように国際的に統一して分類したものです。これに従って、効率よく情報を検索することができます。なお、特許の分類としては、IPCを細分化したFI（ファイルインデックス）や、コンピュータ検索に適したFタームなどの日本独自の分類もあります。

⑥　**J-PlatPat（特許情報プラットフォーム）**

J-PlatPatには、特許庁のホームページからもアクセスできます。ここでは、特許以外にも、実用新案、意匠、商標といった産業財産権一般にわたって、公報を含む情報を検索して閲覧することができます。特許だけに限らず、新製品が既存の産業財産権を侵害していないかについて調べるのに大変便利です。

■ 特許情報の種類

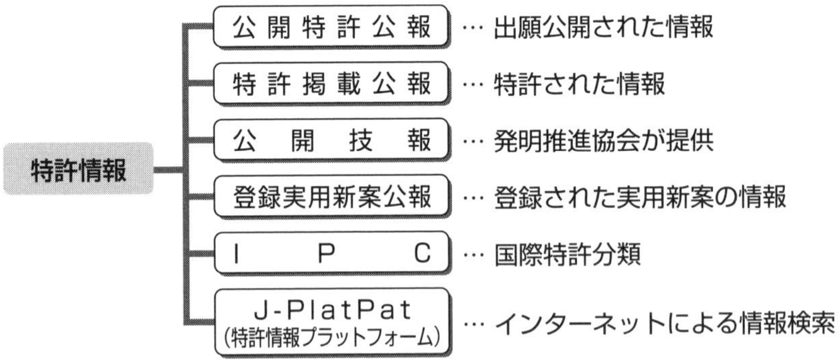

資料　国際特許分類表

分類記号	分類名称
A01	農業;林業;畜産;狩猟;捕獲;漁業
A21	ベイキング;生地製造または加工の機械あるいは設備;ベイキングの生地
A22	屠殺;肉処理;家禽または魚の処理
A23	食品または食料品;他のクラスに包含されないそれらの処理
A24	たばこ;葉巻たばこ;紙巻たばこ;擬似喫煙具;喫煙具
A41	衣類
A42	頭部に着用するもの
A43	履物
A44	小間物;貴金属宝石類
A45	手持品または旅行用品
A46	ブラシ製品
A47	家具;家庭用品または家庭用設備;コーヒーひき;香辛料ひき;真空掃除機一般
A61	医学または獣医学;衛生学
A62	人命救助;消防
A63	スポーツ;ゲーム;娯楽
B01	物理的または化学的方法または装置一般
B02	破砕、または粉砕;製粉のための穀粒の前処理
B03	液体による,または,風力テーブルまたはジグによる固体物質の分離;固体物質または液体から固体物質の磁気または静電気による分離,高圧電界による分離
B04	物理的または化学的工程を行うための遠心装置または機械
B05	霧化または噴霧一般;流動性材料の表面への適用一般

分類記号	分類名称
B06	機械的振動の発生または伝達一般
B07	固体相互の分離;仕分け
B08	清掃
B09	固体廃棄物の処理;汚染土壌の再生
B21	本質的には材料の除去が行なわれない機械的金属加工;金属の打抜き
B22	鋳造;粉末冶金
B23	工作機械;他に分類されない金属加工
B24	研削;研磨
B25	手工具;可搬型動力工具;手工具用の柄;作業場設備;マニプレータ
B26	切断手工具;切断;切断機
B27	木材または類似の材料の加工または保存;釘打ち機またはステープル打ち機一般
B28	セメント,粘土,または石材の加工
B29	プラスチックの加工;可塑状態の物質の加工一般
B30	プレス
B31	紙,板紙または紙と同様の方法で加工される材料からなる物品の製造;紙,板紙または紙と同様の方法で加工される材料の加工
B32	積層体
B33	付加製造技術
B41	印刷;線画機;タイプライター;スタンプ
B42	製本;アルバム;ファイル;特殊印刷物
B43	筆記用または製図用の器具;机上付属具

分類記号	分類名称
B44	装飾技術
B60	車両一般
B61	鉄道
B62	鉄道以外の路面車両
B63	船舶またはその他の水上浮揚構造物;関連艤装品
B64	航空機;飛行;宇宙工学
B65	運搬;包装;貯蔵;薄板状または線条材料の取扱い
B66	巻上装置;揚重装置;牽引装置
B67	びん,広口びんまたは類似の容器の開封または密封;液体の取扱い
B68	馬具;詰め物;かわ張りされた物品
B81	マイクロ構造技術
B82	ナノテクノロジー
C01	無機化学
C02	水,廃水,下水または汚泥の処理
C03	ガラス;鉱物またはスラグウール
C04	セメント;コンクリート;人造石;セラミックス;耐火物
C05	肥料;肥料の製造
C06	火薬;マッチ
C07	有機化学
C08	有機高分子化合物;その製造または化学的加工;それに基づく組成物
C09	染料;ペイント;つや出し剤;天然樹脂;接着剤;他に分類されない組成物;他に分類されない材料の応用
C10	石油、ガスまたはコークス工業;一酸化炭素を含有する工業ガス;燃料;潤滑剤;でい炭
C11	動物性または植物性油,脂肪,脂肪性物質またはろう;それに由来する脂肪酸;洗浄剤;ろうそく
C12	生化学;ビール;酒精;ぶどう酒;酢;微生物学;酵素学;突然変異または遺伝子工学
C13	糖工業
C14	原皮;裸皮;生皮またはなめし革
C21	鉄冶金
C22	冶金;鉄または非鉄合金;合金の処理または非鉄金属の処理
C23	金属質材料への被覆;金属質材料による材料への被覆;化学的表面処理;金属質材料の拡散処理;真空蒸着,スパッタリング,イオン注入法,または化学蒸着による被覆一般;金属質材料の防食または鉱皮の抑制一般
C25	電気分解または電気泳動方法;そのための装置
C30	結晶成長
C40	コンビナトリアル技術
D01	天然または人造の糸または繊維;紡績
D02	糸;糸またはロープの機械的な仕上げ;整経またはビーム巻き取り
D03	織成
D04	組みひも;レース編み;メリヤス編成;縁とり;不織布
D05	縫製;刺しゅう;タフティング
D06	繊維または類似のものの処理;洗濯;他に分離されない可とう性材料
D07	ロープ;電気的なもの以外のケーブル

分類記号	分類名称
D21	製紙;セルロースの製造
E01	道路,鉄道または橋りょうの建設
E02	水工;基礎;土砂の移送
E03	上水;下水
E04	建築物
E05	錠;鍵;窓または戸の付属品;金庫
E06	戸,窓,シャッタまたはローラブラインド一般;はしご
E21	地中もしくは岩石の削孔;採鉱
F01	機械または機関一般;機関設備一般;蒸気機関
F02	燃焼機関;熱ガスまたは燃焼生成物を利用する機関設備
F03	液体用機械または機関;風力原動機、ばね原動機、重力原動機;他類に属さない機械動力または反動推進力を発生するもの
F04	液体用容積形機械;液体または圧縮性流体用ポンプ
F15	流体圧アクチュエータ;水力学または空気力学一般
F16	機械要素または単位;機械または装置の効果的機能を生じ維持するための一般的手段
F17	ガスまたは液体の貯蔵または分配
F21	照明
F22	蒸気発生
F23	燃焼装置;燃焼方法
F24	加熱;レンジ;換気
F25	冷凍または冷却;加熱と冷凍との組合わせシステム;ヒートポンプシステム;氷の製造または貯蔵;気体の液化または固体化
F26	乾燥
F27	炉;キルン, 窯またはレトルト
F28	熱交換一般
F41	武器
F42	弾薬;爆破
G01	測定;試験
G02	光学
G03	写真;映画;光波以外の波を使用する類似技術;電子写真;ホログラフィ
G04	時計
G05	制御;調整
G06	計算または計数
G07	チェック装置
G08	信号
G09	教育;暗号方法;表示;広告;シール
G10	楽器;音響
G11	情報記憶
G12	器械の細部
G16	特定の用途分野に特に適合した情報通信技術
G21	核物理;核光学
H01	電気素子
H02	電力の発電、変換、配電
H03	電子回路
H04	電気通信技術
H05	他に分類されない電気技術
H10	半導体装置；他に分類されない電気的固体装置

7 特許調査の仕方について知っておこう

特許調査からは多くの情報が得られる

◉ 特許調査でわかること

登録原簿（特許原簿）などで特許に関する情報を調査することによっていろいろなことがわかります。

第1に、問題となっている発明について、特許権が認められているか特許権者は誰かがわかります。特許制度は特許発明を登録した上で権利として認める制度です。登録されていれば、特許権があることが明らかになるわけです。

第2に、特許権の有無だけでなく、それがどのように実施されているのかがわかります。利用しようとしている発明が、すでに他者の特許権の対象となっているからといって、100％それを利用できないわけではありません。特許権は一種の財産権ですから、権利者はそれを移転（譲渡）することも、実施権（実施権設定契約に基づいて相手方に与える権利）を設定して他人に実施させることもできます。特許権の移転や専用実施権（権利の設定を受けた者が独占排他的に特許を実施できる権利）の設定については、特許庁で登録原簿に記載しなければ効力を生じません。登録原簿を調べることによって、特許権が移転されていないか、移転先は誰なのか、あるいは専用実施権が設定されていないかなどがわかります。

また、特許権が認められた後に、登録料の不納や無効審判などによって、特許権が消滅しているケースも登録原簿によってわかります。消滅している場合、その発明を自由に実施することができます。

◉ 新規性の有無がわかる

特許を受けられる発明の要件として、**新規性**（発明が客観的に新しいこと）があることが要求されています。新規性があるといえるためには、まだ、世間一般に知られていないことが必要です。これに関する調査を「新規性調査」といいます。特許庁が発行している公報などの資料やインターネットなどで公開されているさまざまな資料を調査することによって、この公知例の有無を知ることができます。

◉ 技術開発の方向性がわかる

技術開発の動向にはある程度の方向性があります。

特許に関する情報を調査することによって、個々の技術に関する開発の方向性を周辺技術も含めて知ることができます。

また、すでに登録されている特許の（明確に細分化された）構成要件すべてを備える製品を許可なく製造・販売すると特許権の侵害になってしまいます。あらかじめ調査をして、後日にトラブルが生じないようにしなければなりません。

■ 特許調査のメリット

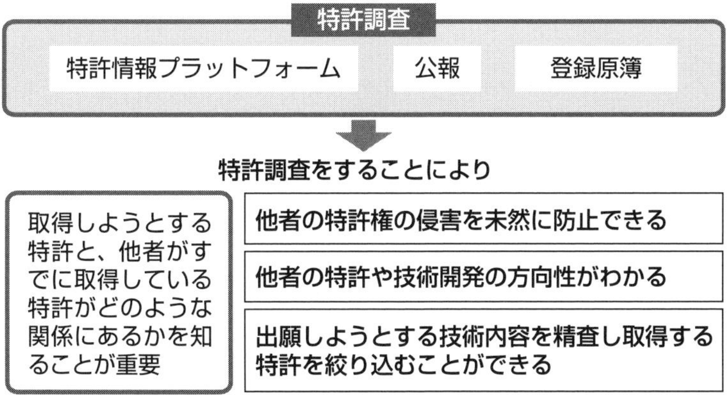

8 特許権取得にはどのくらいの費用がかかるのか

特許庁に納める費用以外にもお金がかかる

◉ 特許権取得にかかる費用

特許庁に支払う手数料（特許印紙代）がかかります。金額は、出願料が14,000円、審査請求料が138,000円＋請求項数×4,000円です。さらに、特許の設定登録になると、当初３年分の登録料（１年につき4,300円＋300円×請求項数）が必要です。４年目以降の登録料は３年ごとに金額が高くなります。この登録料の納付を怠ると、特許権が消滅するので注意してください。なお、個人や中小企業などについては、審査請求料や登録料に関しては減免措置がありますので、減免対象に該当しないか事前に特許庁のサイトで確認してみましょう。特許の登録料は、特許の査定・審決後、原則30日以内に納付する必要がありますが、その期間内に「期間延長請求書」を提出することにより、さらに納付期限を30日以内に限り延長することができます。

特許出願の手続きは、慣れていないと余分な時間がかかります。一方、特許は先に出願した方が認められるため、迅速かつ正確に出願を行う必要があります。なお、第三者により、すでに同じような特許出願がなされていた場合でも、出願時に納付した手数料は戻ってきません。ムダな費用を使わないためには、先願の有無などを調べる必要があります。自分の発明を特許出願する前に、第三者によってすでに同じような発明が出願されてないか調査することを**先願調査**といいます。ただし、すでに出願されている発明も出願日から１年６か月間は原則として公開されないため注意が必要です。

こうした特許の出願手続きや先願調査は、個人で行うことが難しいため、たいてい特許事務所などに依頼して代行してもらうことになります。特許権取得までにかかる費用は、弁理士への支払いを含めると、50～100万円程度になる場合もあります。各事務所によって扱う内容や費用が異なるので、事前に調べておくようにしましょう。

なお、すべて自分で手続きをしても、特許庁に納める出願料、審査請求料、登録料などの特許印紙代はかかります。

◉ 電子化手数料の納付

特許出願については、出願時などにかかる手間・コストを削減するため、手続きの電子化が推進されています。

そのため、インターネット出願で可能な手続きを書面で行う場合、書面に記載されている事項を電子データ化するためにかかる費用（電子化手数料）を別途支払わなければなりません。

電子化手数料は、１件につき2,400円に書面１枚につき800円を加えた額です。手続書面の提出後、約１～２週間後に郵送で届く、電子化手数料納付の案内に基づいて納付することになります。

なお、電子化手数料は特許に限らず、商標その他の産業財産権についても書面で手続きを行った場合は同じように納付が求められます。

■ 特許費用一覧

<table>
<tr><th colspan="3"></th><th>金　額</th><th>備　考</th></tr>
<tr><td colspan="3">出願料</td><td>一律14,000円</td><td>国際出願は別</td></tr>
<tr><td colspan="3">審査請求料</td><td>138,000円＋
(4,000円×請求項数)</td><td rowspan="2">軽減または
免除される場合あり</td></tr>
<tr><td rowspan="4">特許料</td><td colspan="2">設定登録料(1～3年)</td><td>4,300円＋
(300円×請求項数）／年</td></tr>
<tr><td rowspan="3">維持年金</td><td>4～6年</td><td>10,300円＋
(800円×請求項数）／年</td><td rowspan="3">期限後６か月までは、倍額を支払う「追納」制度により特許権を維持できる</td></tr>
<tr><td>7～9年</td><td>24,800円＋
(1,900円×請求項数）／年</td></tr>
<tr><td>10～25年</td><td>59,400円＋
(4,600円×請求項数）／年</td></tr>
</table>

9 出願書類と出願方法について知っておこう

発明を特定するために明確かつ十分に記載する

◉ 特許庁に提出する書類

調査の結果、先行技術や先行出願がないことがわかれば、次に特許出願を行います。

①　願書

願書には、発明者の氏名・住所の他、特許出願人の氏名・住所などを記載します。発明者欄には、必ず個人名を記載しなければなりません。法人は特許出願人になることはできますが、発明者になることはできません。出願人にすでに特許庁から識別番号が付与されている場合は、識別番号も併せて記載しなければなりません。識別番号を記載する場合は、住所または居所の欄の記載を省略することができます。出願されると、受付順に出願番号がつけられます。

②　特許請求の範囲

この欄には、特許出願人が特許を受けようする発明を特定するために必要な事項すべてを記載します。特許請求の範囲では、発明を「請求項」ごとに分けて記載します。１つの発明を１つまたは複数の請求項として記載します。特許発明の技術的範囲は、この特許請求の範囲の記載によって定められるため、明確に記載する必要があります。また、その内容は、③の明細書の内容と矛盾しないように注意しなければなりません。

③　明細書

明細書の記載は、発明の技術分野について通常の知識を持つ者が発明を実施できる程度に、明確かつ十分に記載しなければなりません。明細書は、特許請求の範囲の内容を技術的に裏付けるものです。とくに、特許請求の範囲の請求項が複数ある場合は、それぞれの請求項が明細書の記載内容に対応しているか確認する必要があります。

また、従来技術や先行技術文献、従来技術の問題点を解決しようとする発明の課題と、その課題を解決する手段や発明による効果を明確に記載することによって、発明が従来の技術に比べて優れていることを訴える必要があります。そして、発明の実施の形態や実施例を、実験や試作の例に基づいて出願した発明の技術分野について通常の知識を持つ者が再現できるようにわかりやすく記載しなければなりません。

④　図面

アイデアの内容を図で示したものです。発明に直接関係する部分は、鮮明に描かなければなりません。これは、発明内容の理解を助けるためのもので、特許出願の場合、実用新案とは異なり必ず提出しなければならないものではありません。

⑤　要約書

明細書、特許請求の範囲または図面に記載した発明の概要を記載します。要約書に記載されている内容は公報に掲載されて調査に利用されるため、わかりやすく簡潔に記載する必要があります。

■ 出願願書と出願方法 ……………………………………………

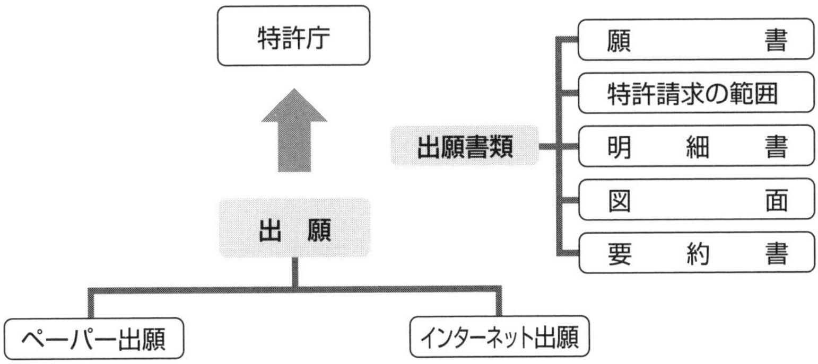

書式　特許出願　願書

【書類名】　特許願
【整理番号】　Ｂ－１２３４
【提出日】　令和４年○月○日
【あて先】　特許庁長官　殿
【国際特許分類】　Ａ０１Ｋ　８９／００
【発明者】
　【住所又は居所】　東京都杉並区浜田山○丁目○番○号
　【氏名】　特川　許夫
【特許出願人】
　【識別番号】　１２３４５６７８９
　【住所又は居所】　神奈川県川崎市高津区諏訪○丁目
　　　　　　　　　　　○番○号
　【氏名又は名称】　株式会社　発明工業
　【代表者】　特田　発朗
【手数料の表示】
　【予納台帳番号】　１２３４５６
　【納付金額】　　　１４０００
【提出物件の目録】
　【物件名】　明細書　　１
　【物件名】　特許請求の範囲　　１
　【物件名】　要約書　　１
　【物件名】　図面　　　１

書式　特許出願　特許請求の範囲

【書類名】　特許請求の範囲

【請求項１】

ヘッド部の植毛面に複数の毛束を植毛した歯ブラシにおいて、ヘッド部の長軸方向のほぼ中心線に沿って、ヘッド部の幅方向に向かう２辺が凹状をした毛束断面形状になる毛束を単数もしくは複数植毛するとともに、該中心線に沿った毛束の両外側に当該中心線に沿った毛束よりも毛腰強度の小さな毛束を複数植毛したことを特徴とする歯ブラシ。

【請求項２】

前記植毛穴の平面穴形状が正方形もしくは長方形であることを特徴とする請求項１記載の歯ブラシ。

書式　特許出願　要約書

【書類名】　要約書

【要約】

【課題】歯牙表面の清掃効果と、歯と歯茎の境目の刷掃効果と、歯茎への当たり心地のすべてを同時に満足することのできる歯ブラシを提供する。

【解決手段】ヘッド部１の植毛面１ａに、ヘッド部１の長軸方向の中心線Ｌに沿って毛束断面形状がＸ形の毛束３を複数植毛するとともに、この毛束３の両外側に当該毛束３よりも毛腰強度の小さな毛束４を複数植毛する。この歯ブラシを用いてスクラブ法により歯を磨くと、ヘッド部１の長軸方向の中心線Ｌに沿って植毛した断面Ｘ形の各毛束３の尖端突起部で歯牙表面の歯垢や食べ滓を効果的にかき取ることができる。また、毛束３の両外側に植毛した毛腰強度の小さな毛束４が歯と歯茎の境目に当たって優しくブラッシングするため、歯茎への当たり心地も向上する。

【選択図】図１

書式　特許出願　明細書

【書類名】　明細書
【発明の名称】　歯ブラシ
【技術分野】
【０００１】
本発明は、○○○法による歯磨きに適した歯ブラシに関する。
【背景技術】
【０００２】
一般的な歯ブラシの製造方法としては、予めヘッド部の植毛面に形成した複数の植毛孔に、ナイロンなどの用毛を束ねた毛束を差し込んで金属片（これを平線という）で固定する方法が知られている。この平線を用いた方法によるときは、製造法の制約上、特別な場合を除いて毛束の断面形状は円形とするのが普通である。
【０００３】
一方、平線を使用しない製造方法としては、熱融着により毛束をヘッド部に固定する方法や、インモールドによる方法などが知られている。
【０００４】
例えば、前記円形以外の毛束断面形状の例を挙げると、長方形やＸ形として特開平○－○○○○○号、ハート形や十字形の毛束として特開平○－○○○○○号などが知られている。
【先行技術文献】
【特許文献】
【０００５】
【特許文献１】特開○○○○－○○○○○号公報
【特許文献２】特開○○○○－○○○○○号公報
【発明の概要】
【発明が解決しようとする課題】
【０００６】
しかしながら、上述した従来の歯ブラシにあっては、それぞれ一長一短があり、歯牙表面の清掃力と、歯と歯茎の境目の刷掃効果と、歯茎への当たり心地のすべてを同時に満足することは難しかった。

【０００７】
本発明は、このような問題を解決するためになされたもので、歯ブラシをヘッド部の長軸方向に往復動してブラッシングする○○○法による歯磨きに適し、この○○○法によって歯磨きすることにより、歯牙表面の清掃効果と、歯と歯茎の境目の刷掃効果と、歯茎への当たり心地のすべてを同時に満足することのできる歯ブラシを提供することを目的とする。
【課題を解決するための手段】
【０００８】
上記目的を達成するため、本発明は、ヘッド部の植毛面に複数の毛束を植毛した歯ブラシにおいて、ヘッド部の長軸方向のほぼ中心線に沿って、ヘッド部の幅方向に向かう２辺が凹状をした毛束断面形状になる毛束を単数もしくは複数植毛するとともに、該中心線に沿った毛束の両外側に中心線に沿った毛束よりも毛腰強度の小さな毛束を複数植毛した。なお、前記中心線に沿った毛束の毛束断面形状としては、X形または凹レンズ状とすることが好ましい。また、前記中心線に沿った毛束の用毛径よりもその両外側の毛束の用毛径を小さくすることにより、中心線に沿った毛束よりもその両外側の毛束の毛腰強度を小さくすることが好ましい。
【発明の効果】
【０００９】
本発明の歯ブラシを用いて○○○法で歯磨きを行うと、歯垢や食べ滓を効果的にかき取ることができ、歯牙表面の清掃力が向上するとともに、刷掃実感が向上する。さらに、毛腰の柔らかい両外側の毛束が歯と歯茎の境目に当たって優しくブラッシングするので、刷掃効果が上がるとともに、歯茎への当たり心地も向上する。
【図面の簡単な説明】
【００１０】
【図１】本発明に係る歯ブラシの第１の実施形態を示すヘッド部の平面図である。
【図２】本発明に係る歯ブラシの第２の実施形態を示すヘッド部の平面図である。

【発明を実施するための形態】

【００１１】

本発明の実施形態について図面を参照して説明する。図１に、本発明に係る歯ブラシの第１の実施形態を示す。図１において、１はヘッド部であって、このヘッド部１は首部２を介して図示しない把持部に一体に連続されている。この第１の実施形態においては、ヘッド部１の植毛面１ａに、ヘッド部１の長軸方向の中心線Ｌに沿って、毛束断面形状がＸ形になる毛束３を複数植毛するとともに、この断面Ｘ形の毛束列の両外側に該断面Ｘ形の毛束３よりも毛腰強度の小さな毛束４を複数植毛したものである。５は、中央列の毛束３の長軸方向先端部に植毛した断面丸形の毛束である。

【００１２】

ポリプロピレン、ポリエステル、ＡＢＳ、ＰＭＭＡ、ポリカーボネート、セルロースプロピオネート、ポリアセタールといった周知の樹脂が用いられるが、コストおよび成形性の点からポリプロピレンがより好ましい。

（中　略）

【符号の説明】

【００２０】

１　ヘッド部

１ａ　植毛面

２　首部

３　断面Ｘ形の毛束

４　両外側の毛束

５　その他の毛束

１３　断面凹レンズ状の毛束

１４　両外側の毛束

１５，１６　その他の毛束

Ｌ　ヘッド部の長軸方向の中心線

書式　特許出願　図面

【書類名】　図面

【図１】

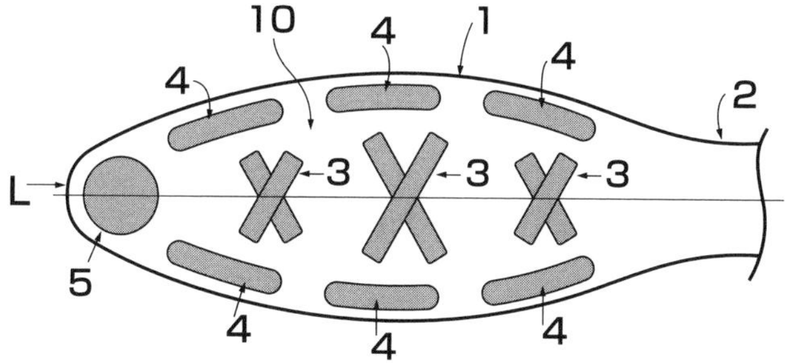

【図２】

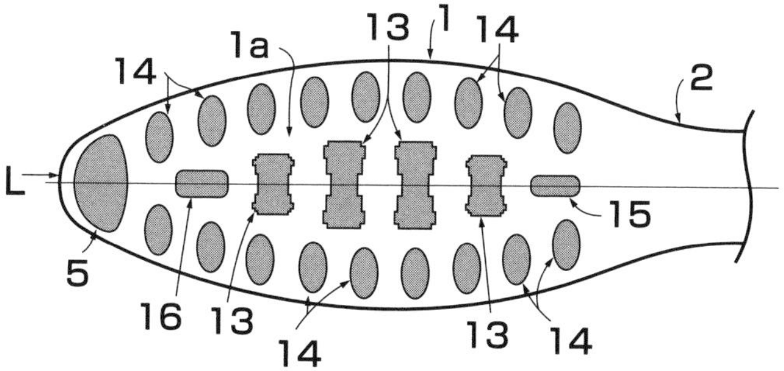

10 出願の効果について知っておこう

出願すると公開特許公報に掲載される

◉ 出願するとどうなるか

特許出願をすると、以下のような効果が生じます。

① 先願の地位を確保できる

特許法が先願主義を採用していることにより、出願日以降の同じ発明の特許出願を排除することができます。

② 方式審査を受ける

方式審査とは、特許庁が出願書類について行う形式的な審査のことです。具体的には、出願書類の記載事項や添付書類に不備がないかチェックします。なお、ここで不備がある場合には、補正命令が出されます。補正命令に対して期間内に出願書類の不備を訂正できなければ却下処分となり、出願自体がなかったことになるため注意が必要です。

③ 発明を公表することもできる

新規性は出願日を基準に判断されるので、出願前は、発明内容を公表してはいけません。しかし、特許出願後は、前述した②の方式審査の不備に注意した上で公表することもできます。

◉ 公開特許公報について

特許出願されると、その出願から１年６か月後に、その発明内容は、公開特許公報に掲載され、公開されます。公開により、発明内容が社会で広く知られることになるため、他の者が重ねて、同じ発明について研究開発する事態を避けることができます。公開特許公報は、特許情報プラットフォーム（J-PlatPat）のサイトで無料で見ることができ、そのPDFファイルをダウンロードすることもできます。

◉ 公開した代償について

出願された発明が公開されると、第三者にとっては、重複研究や重複投資を回避できるというメリットがあります。しかし、出願人は、無断で発明を実施されることにより不利益を受けるおそれもあります。そこで、このような公開による出願人の不利益をなくすために、出願公開の効果として、出願人には**補償金請求権**という権利が認められています。この権利は、公開された発明が第三者により無断で実施された場合、出願人は特許権を取得した後に実施料相当額の支払いをさかのぼって請求できるというものです。

なお、補償金を請求できるのは、第三者が出願人の警告後もなお実施を継続している場合です（第三者が公開された特許出願についての発明であることを知った上で実施している場合には、警告は不要です）。そして、請求できる補償金は、出願人の警告後から特許権取得までの実施料相当額です。また、公開前から無断で実施されていて、出願人が補償金請求権を早期に発生させたい場合は、出願から１年６か月経過前であっても、出願人自ら早期出願公開の請求をして、発明を公開して警告することができます。

■ 出願の効果

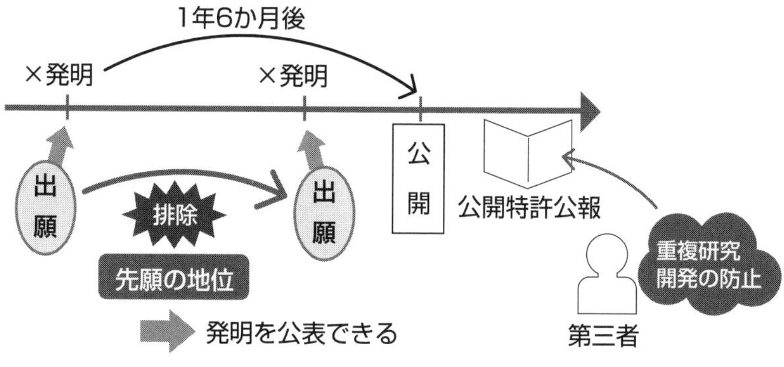

書式　特許出願　出願公開請求書

【書類名】　出願公開請求書

【提出日】　令和○年○○月○○日

【あて先】　特許庁長官　殿

【出願の表示】

　【出願番号】　特願○○○○－○○○○○

【特許出願人】

　【識別番号】　１２３４５６７８９

　【住所又は居所】　神奈川県川崎市高津区諏訪○丁目○番○号

　【氏名又は名称】　株式会社　発明工業

　【代表者】　特田　発朗

資料　公開特許公報

JP　2004-187290　A　2004.7.2

公報種別を表しています。
他には、特許（登録）された出願を収録した「特許掲載公報」等があります。

(19)日本国特許庁(JP)　(12)公開特許公報(A)　(11)特許出願公開番号
特開 2004-187290
(P2004-187290A)
(43)公開日平成 16 年 7 月 2 日(2004.7.2)

国際特許分類（IPC）を表しています。

(51)Int.Cl.7	F I		テーマコード（参考）
Ｈ０４Ｎ　7/32	Ｈ０４Ｎ　7/137	Ｚ	５Ｃ０５９
Ｈ０３Ｍ　7/36	Ｈ０３Ｍ　7/36		５Ｊ０６４

審査請求　有　請求項の数　２７　ＯＬ　（全４３頁）

(21)出願番号　特願2003-390707(P2003-390707)
(22)出願日　平成15年11月20日(2003.11.20)
(31)優先権主張番号　特願2002-338131(P2002-338131)
(32)優先日　平成14年11月21日(2002.11.21)
(33)優先権主張国　日本国（ＪＰ）

カッコ付きの数字は、国際的に統一された識別コードを表しています。
たとえば(21)は出願番号欄を表しています。

(71)出願人　000004226
[redacted]

(72)発明者　[redacted]

(72)発明者　[redacted]

(74)代理人　100066153
弁理士　[redacted]

(74)代理人　100100642
弁理士　[redacted]

書誌事項を利用して必要な情報を抽出整理することができます。

最終頁に続く

(54)【発明の名称】ディジタル信号処理方法、その処理器、そのプログラム、及びそのプログラムを格納した記録媒体

発明内容の要約が記載されています。

(57)【要約】
【課題】　例えば補間フィルタのように前後のフレームに跨る処理を必要とするフィルタ処理、自己回帰型予測符号化、復号化を現フレームだけで処理を完結させ、連続性や効率をほとんど低下させない。

【解決手段】　現フレームのサンプルＳFC中から、その先頭、サンプル列、末尾サンプル列と似たサンプル列ΔＳを取り出し現フレームの前及び後に代用サンプル列ＡＳとしてつなげてフィルタ処理あるいは予測符号化をおこない、現フレームの処理結果ＳOUを得る。予測符号の場合はどの部分を用いたかを示す補助情報も出力する。

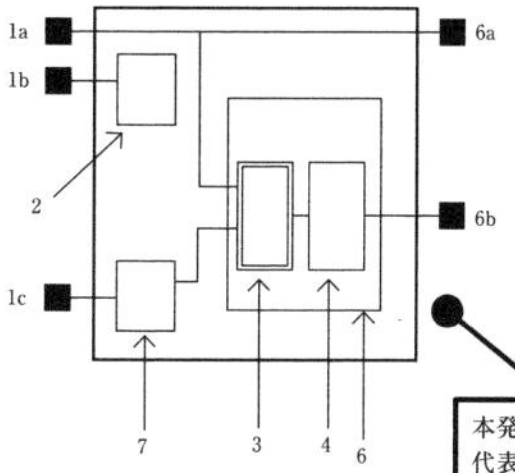

【選択図】　図５

本発明にかかる代表的な図面が掲載されています。

11 出願審査を請求する

出願日から3年間いつでも誰でも請求できる

◉ 審査開始の請求

特許出願されたものは、すべてが審査されるわけではありません。まず出願書類の形式的な審査（方式審査）が、出願後に特許庁で行われます。しかし、出願された発明が特許の登録要件を備えているかどうかの審査（実体審査）は、出願人または第三者から出願審査の請求がなければ行われません。また、出願料とは別に出願審査請求料を支払わなければならず、特許出願すれば、すぐに審査されるわけではありません。もっとも、審査請求は、出願から３年以内であれば、いつでも出願人に限らず誰でもすることができます。しかし、この期間内に審査請求をしなければ、出願は取り下げたものとみなされて、もはや特許を受けることはできなくなります。

審査は、特許庁の審査官によって行われます。特許を担当している審査官の人数は、約1,600人（令和５年度）です。

◉ 拒絶理由通知の送付

審査官が特許要件を満たしていないと判断した場合、それを出願人に知らせるために拒絶理由通知書が送られます。出願人に反論の機会を与えることなく、いきなり拒絶査定が送られてくるということはありません。出願人は、拒絶理由通知書により示された点についての反論を意見書として提出したり、特許請求の範囲や明細書などを補正することができます。ただし、出願した発明に、新規事項を追加することはできないため注意しなければなりません。対応せずに放置した場合、拒絶査定となるため、指定期間内に適切に応答することが必要です。

審査の結果、拒絶する理由が発見されなかった場合、審査官は特許査定を行います。また、意見書や補正書によって拒絶理由が解消した場合にも特許査定が行われます。もっとも、特許権を取得するためには、特許査定の謄本送達後30日以内に所定の特許料を納めなければなりません。これを納めない場合は、出願却下処分となります。

◉ 特許証が交付される

所定の特許料を納めると、正式に特許として特許原簿に登録されます。そして、特許庁長官の名前で、特許権者に対し、特許証が交付されます。ただ、特許証は、名誉を表示するものにすぎず、特許証がないと特許権者であることを主張することができないという性質のものではありません。たとえば、裁判では特許証ではなく特許登録原簿謄本などを提出して特許権者であることを証明します。

特許権を取得すると、特許権者は、その発明内容を独占排他的に実施できます。ただ、特許権者が独占排他的に実施できるのは、出願日から20年までです。有効期間が過ぎた後は、誰でもその発明を自由に実施することができるようになります。

■ 審査請求とその後の手続き

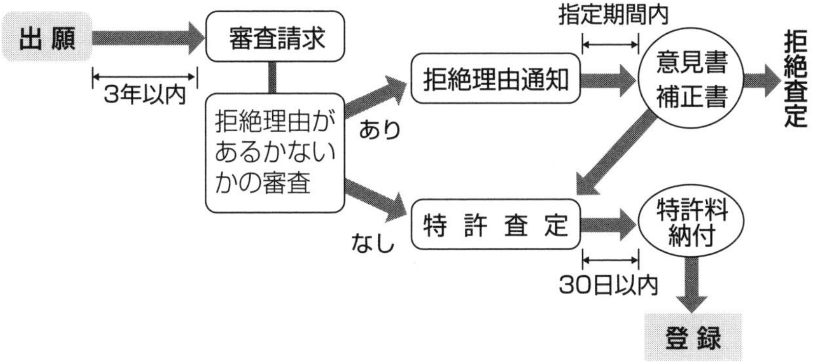

書式　特許出願　出願審査請求書

【書類名】　出願審査請求書

【提出日】　令和○年○○月○○日

【あて先】　特許庁長官　殿

【出願の表示】

　【出願番号】　特願○○○○－○○○○○○

【請求項の数】　2

【請求人】

　【識別番号】　１２３４５６７８９

　【住所又は居所】　神奈川県川崎市高津区諏訪○丁目○番○号

　【氏名又は名称】　株式会社　発明工業

　【代表者】　特田　発朗

【手数料の表示】

　【予納台帳番号】　１２３４５６

　【納付金額】　　　１４６０００

12 早期審査請求制度について知っておこう

特許権取得までの時間を短縮させることができる

◉ 早期審査請求制度と対象となる特許出願

特許出願についての審査は、出願審査請求してから平均10か月程度かかります。このような状況に対して、特許庁は一定の条件を満たした出願を早期審査の対象としています。この早期審査の対象になると、特許出願の審査期間は数か月程度とかなり短くなります。早期審査の対象になる特許出願は次の６つです。ただし、早期審査の申請は出願審査請求と同時かその後でなければなりません。

①　出願人が中小企業等の出願

出願人が、中小企業または個人、大学・短期大学、公的研究機関、または承認若しくは認定を受けた技術移転機関（承認TLOまたは認定TLO）である特許出願です。

②　外国関連出願

外国の特許庁または政府間機関にも出願している特許出願です。

③　実施関連出願

出願人自身または出願人から実施許諾を受けた者が、日本国内で実際に出願発明を実施している特許出願です。

④　グリーン関連出願

省エネ、CO_2削減などの効果を有する発明についての特許出願です。

⑤　被災企業等の出願

東日本大震災により被災された個人や企業などによる特許出願です。

⑥　研究開発事業成果に係る出願

アジア拠点化推進法に基づいて認定された研究開発事業成果に関する特許出願です。

◉ 早期審査に関する事情説明書を提出する

早期審査請求をしたい場合は、特許出願ごとに早期審査に関する事情説明書を特許庁へ提出します。この早期審査に関する事情説明書には、次の4つを記載します。

① 書誌的事項

具体的には、提出日、出願番号などの事件の表示、提出者の識別番号、住所または居所、氏名または名称などを記載します。

② 事情

出願人が早期審査等ガイドラインに定める中小企業に該当していることなどを記載します。

③ 先行技術の開示及び対比説明

先行技術調査をして、その調査の結果見つかった先行技術文献を開示すると共に、そこに記載されていた先行技術の内容と、特許出願の特許請求の範囲に記載された発明の内容とを対比して、両者の相違点などについて具体的に説明します。

④ 提出物件の目録

先行技術文献の写しなど提出する物件がある場合はその目録を記載します。

■ 早期審査請求の対象と手続き

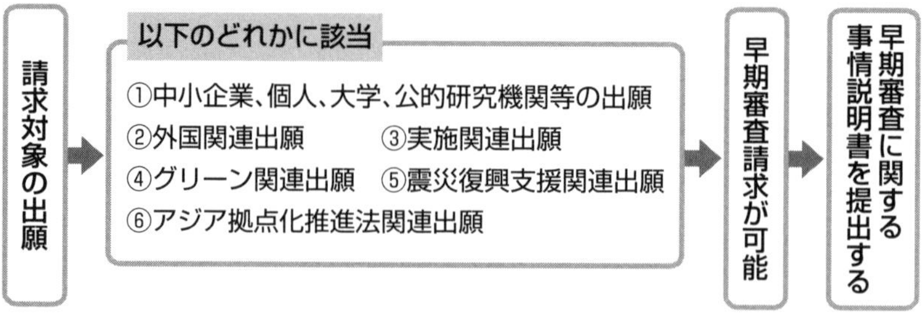

13 拒絶理由通知書への対処法について知っておこう

意見書によって反論する

◉ 出願後の流れ

特許出願がなされても、それだけで登録され特許権が得られるわけではありません。特許庁では専門的な審査が行われます。その審査によって特許に値する発明であると判断されれば、特許として登録がされます。この決定を**特許査定**といいます。

しかし、発明の要件を満たさないなど、出願を拒絶する理由がある場合には、その理由を出願人に対して通知することになっています。これを通知する文書が**拒絶理由通知書**です。

特許庁で拒絶理由があると判断しても、すぐに拒絶を正式決定（拒絶査定）してしまうのでは出願人に酷なので、理由を通知して反論の機会を与えることにしたわけです。

◉ 意見書を提出する

拒絶理由通知書が届いた後に、出願人はこれをよく吟味し、拒絶理由に納得がいかない場合には、それに対する反論を記載した**意見書**を指定された期間内に特許庁へ提出します。なお、指定期間内に提出することが難しい場合は、期間延長請求書を提出して指定期間を延長することもできます。

意見書を受けた特許庁では、改めて審査官がその内容を審査し、反論に正当な理由があれば、特許査定が行われます。しかし、反論に根拠がないと判断されれば、正式に拒絶査定が行われます。意見書のあて先は、審査段階で提出する場合には「特許庁審査官殿」、拒絶査定不服審判の段階で提出する場合には「特許庁審判長殿」とします。

◉ 手続補正書を提出する

意見書だけでは、拒絶理由の解消が難しいような場合、**手続補正書**の提出により、出願書類の内容の補充・訂正ができます。ただし、この補正は、無制限にできるわけではなく、出願当初の明細書、特許請求の範囲、図面に記載された事項の範囲内という一定の制限（新規事項追加の禁止という）があります。また、「最後」と示された拒絶理由通知を受ける場合があります。この場合の補正は、前述の新規事項追加の禁止という制限の他に、一定の目的（請求項の削除、特許請求の範囲の厳縮、誤記の訂正、明瞭でない記載の釈明のいずれか）をもった補正に限られます。この補正書の提出により、拒絶理由が解消されたと審査官が判断すれば特許査定がなされます。逆に、拒絶理由が解消されないと判断されれば、拒絶査定がなされます。

なお、拒絶査定がなされても、拒絶査定不服審判を請求した場合は、その請求と同時に、補正書を提出することができます。この場合の補正は、前述の最後の拒絶理由通知と同様に、制限されています。しかし、補正書の提出があると、拒絶査定不服審判の審理に行く前に、元の拒絶査定をした審査官が再び審査をする前置審査という制度を利用することができ、拒絶理由が解消されたと判断されれば特許査定がなされるため、迅速に権利化できるメリットがあります。

■ 拒絶理由通知に対する対処方法

① 意見書を提出する ・・・審査官の拒絶理由に対する反論

↓ 意見書だけで拒絶理由の解消が難しい場合

② 補正書を提出する ・・・出願書類の内容を補充・訂正する

書式　特許出願　拒絶理由通知書

拒絶理由通知書

特許出願の番号　特願２０○○－○○○○
起案日　令和○年○月○日
特許庁審査官　○○　○○　○○○○　○○○○
特許出願人代理人　○○　○○　様
適用条文　第２９条２項、第２９条の２

この出願は、次の理由によって拒絶すべきものである。これについて意見がありましたら、この通知書の発送の日から60日以内に意見書を提出してください。

理　由

1．この出願の下記の請求項に係る発明は、その出願の日前の特許出願であって、その出願後に出願公開がされた下記の特許出願の願書に最初に添付された明細書または図面に記載された発明と同一であり、しかも、その発明者がその出願前の特許出願に係る上記の発明をした者と同一ではなく、またこの出願の時において、その出願人が上記特許出願の出願人と同一でもないので、特許法第29条の２の規定により、特許を受けることができない。
2．この出願の下記の請求項に係る発明は、その出願前日本国内または外国において頒布された下記の刊行物に記載された発明に基づいて、その出願前にその発明の属する技術の分野における通常の知識を有する者が容易に発明をすることができたものであるから、特許法２９条第２項の規定により特許を受けることができない。

記（引用文献等については引用文献等一覧参照）

（理由１）
・請求項１
・引用例１

・備考
引用例１の公開公報には、………という技術が記載されている。
（理由２）
・請求項２
・引用例２～３
・備考
引用例２には、………という技術が開示されている。
引用例３には、………という技術が開示されている。
本願請求項１及び２に係る発明は、引用例２及び３に記載された発明の組み合わせに過ぎず、その組み合わせによる作用効果の改善が当業者にとって予想外のものであるということは、本願明細書記載の実施例のデータからは認められない。

引用文献等一覧

１．特願２０○○－○○○○○○○号（特開２０○○－○○○○○○○号）
２．特開２０○○－○○○○○○○号公報
３．特開２０○○－○○○○○○○号公報

先行技術文献調査結果の記録

・調査した分野　IPC第○版　Ｂ０３Ａ　３／００－４／３４
DB名
・先行技術文献　特開２０○○－○○○○○○○号公報
特開２０○○－○○○○○○○号公報

この先行技術文献調査結果の記録は、拒絶理由を構成するものではありません。

この拒絶理由通知書についての問い合わせまたは面接を希望されるときは、次の連絡先までご連絡ください。
審査第○部　○○○○　○○○○
TEL　０３（○○○○）○○○○　内線××××

書式　特許出願　意見書

【書類名】　意見書
【提出日】　令和○年○月○日
【あて先】　特許庁審査官　殿
【事件の表示】
　【出願番号】　特願○○○○－○○○○
【特許出願人】
　【識別番号】　１２３４５６７８９
　【住所又は居所】　神奈川県川崎市高津区諏訪○丁目○番○号
　【氏名又は名称】　株式会社　発明工業
　【代表者】　特田　発朗
【発送番号】　９７５３１
【意見の内容】
⑴　審査官殿は、令和○年○月○日（発送日：令和○年○月○日）付け拒絶理由通知書において、本願の請求項１にかかる発明は、………であるから、特許法○○条の規定により特許を受けることができないとされました。

　しかしながら、本願出願人は、………という理由によって、本願発明は特許法○○条に抵触せず、特許を受けることができる要件を満たしている発明であると確信しております。
　以下、詳細にご説明いたしますので、再度ご審査くださり、本願を特許査定すべきとのご決定を下さるようお願い申し上げます。
⑵　本願発明の説明
【証拠方法】
【提出物件の目録】
　【物件名】
　【物件名】

書式　特許出願　手続補正書

【書類名】　手続補正書
【提出日】　令和○年○月○日
【あて先】　特許庁長官　殿
【事件の表示】
　【出願番号】　特願○○○○－○○○○○○
【補正をする者】
　【識別番号】　１２３４５６７８９
　【住所又は居所】　神奈川県川崎市高津区諏訪○丁目○番○号
　【氏名又は名称】　株式会社　発明工業
　【代表者】　特田　発朗
【発送番号】　○○○○○○
【手続補正１】
　【補正対象書類名】　明細書
　【補正対象項目名】　発明の名称
　【補正方法】　変更
　【補正の内容】
　　【発明の名称】　○○○法による歯磨きに適した歯ブラシ

書式　特許出願　拒絶査定不服審判請求書

特許印紙

(　　円)

【書類名】　審判請求書
【提出日】　令和○年○月○日
【あて先】　特許庁長官　殿
【審判事件の表示】
　【出願番号】　特願○○○○－○○○○○○
　【審判の種別】　拒絶査定不服審判事件
【審判請求人】
　【識別番号】　１２３４５６７８９
　【住所又は居所】　神奈川県川崎市高津区諏訪○丁目○番○号
　【氏名又は名称】　株式会社　発明工業
　【代表者】　特田　発朗
【請求の趣旨】　原査定を取り消す。本願の発明は特許すべきものとする、との審決を求める。
【請求の理由】
1．手続の経緯
　出願　令和○年○月○日
　拒絶理由の通知（発送日）　令和○年○月○日
　意見書（提出日）　令和○年○月○日
　手続補正書（提出日）　令和○年○月○日
　拒絶査定（起案日）　令和○年○月○日
　同謄本送達（送達日）　令和○年○月○日
　手続補正日（提出日）　令和○年○月○日
2．拒絶査定の理由の要点
　（a）原査定の拒絶理由は、本願の請求項1に係る発明は、○○○○及び△△△△に記載された発明に基づいて、当業者が容易に発明することができたものであるから、特許法29条第2項の規定により特許を受けることができない、というものである。
　（b）その理由は、要するに（イ）………、（ロ）………というものである。
3．本願発明が特許されるべき理由
(a) 本願発明の説明
本願の請求項１に係る発明の特徴は、特許請求の範囲の記載された「………」の構成のうち、………するようにしたことを特徴とするものであって、このような構成を採用したことにより、………という顕著な作用効果を奏するものである。
(b) 引用発明の説明
引用刊行物１には、………が記載されている（特に、その第○頁第○行から第○行参照）。また、引用刊行物２には、………が記載されている（第○頁第○行から第○行参照）。
(c) 本願発明と引用発明との対比
本願の請求項１に係る発明と引用刊行物１に記載の発明とは、………の点で一致し、………手段が、本願の請求項１に係る発明ではａであるのに対して引用刊行物１に記載の発明ではｂである点は相違している。また、引用刊行物２に記載のものは、本願の請求項１に係る発明のａと構成において一見類似しているが、その機能を全く異にするものであって、………という技術的課題を解決する意図のもとに引用刊行物１に記載のｂに代えて引用刊行物２に記載のものを採用することは、当業者といえども到底想到し得ることではない。しかも、本願の請求項１に係る発明は、この構成を採用することにより………という格別な作用効果を奏するものである。
4．むすび
したがって、本願の請求項１に係る発明は、引用刊行物１，２に記載された発明から、当業者が容易に発明をすることができたものではない。
よって、原査定を取り消す、この出願の発明はこれを特許すべきものとする、との審決を求める。

【証拠方法】証拠として、………………………………
【提出物件の目録】
【物件名】

14 専用実施権や通常実施権などのライセンス契約について知っておこう

専用実施権と通常実施権という２種類の権利がある

◉ 実施契約の締結

ある個人の発明家が特許権を取得したとしても、それだけですぐに利益を取得することはできません。その発明を製品化して販売するなどして、特許権を取得した発明を具体的に実施しなければ利益は生まれてこないのです。そこで、次の段階として、その発明を企業に売り込むことが必要になってきます。技術の進歩が速く顧客の需要も多様な現代では、企業の側も常に新しい技術を求めています。関心をもってくれそうな企業の担当部署（企画部や知的財産部など）に問い合わせてみると、詳細を示した書式の送付を指示してくれるケースもあるので、粘り強く一つひとつの企業にあたってみましょう。

関心を持ち特許発明を実施したいという企業は、特許権者との間で、ライセンス（実施許諾）契約を結ぶ必要があります。このライセンス契約で設定する実施権には、**専用実施権**と**通常実施権**という２種類の権利があります。通常、特許権者にとって有利なのは、通常実施権の設定です。企業側の提示する条件によっては、専用実施権の方が有利なケースもあります。

専用実施権は、その設定を受けた者のみが特許発明を独占排他的に実施できる権利です。設定契約にあたっては、内容、地域、期間などが限定されるのが普通です。その設定された範囲では、たとえ特許権者であっても、もはや特許発明を実施することができません。

また、この権利を第三者が無断で実施すれば、専用実施権者は、その侵害行為の差止めや損害賠償を請求することができます。ただし、専用実施権は特許庁への登録がなければその効力が発生しません。

これに対して、通常実施権は単に特許発明を実施する権利です。そのため、特許権者は、さらに別の人に重ねて通常実施権を設定することもできます。通常実施権者が、自分以外の者にライセンスされては困ると考えるのであれば、設定契約の際、特許権者との間で他者への通常実施権の設定を禁じる特約をつける必要があります。また、通常実施権者には、差止請求や損害賠償請求といった強い効力が認められていません。

なお、実施権者がさらに他の人にライセンスすることを、**再許諾**（サブライセンス）といいます。これをするためには、特許権者の承諾が必要とされています。

◉ 対価（ロイヤリティ）について

ライセンスの対価をロイヤリティと呼びます。金額は当事者間の交渉で決定されます。算定方法としては、①売上に関係なく一定額を支払う定額制、②製品１個あたりいくら支払うという従量制、③製品販売価格の一定率を支払う料率制、④①～③の併用などがあります。

■ 実施契約の締結にあたり検討すべきおもな事項 ………………

専用実施権か通常実施権か

➡ 専用実施権は、実施権者にのみ
特許発明の実施を許可するものであり、
特許権者も特許発明を実施できない。

実施を許可する特許発明は何か

➡ 特許発明の実施方法や範囲はどうするか
➡ 特許発明の実施期間はどうするか

ロイヤリティ（実施料）の設定はどうするか

➡ 定額制・従量制・料率制など

実施権者が特許技術を基にして開発した

➡ 新しい発明をどのように取り扱うか

書式　特許権通常実施権設定契約書

特許権通常実施権設定契約書

○○工業株式会社（以下「甲」という）と××産業株式会社（以下「乙」という）は、次のとおり、契約を締結する。

第１条（本契約の目的、通常実施権の設定） 甲は、乙に対し、甲の所有する下記の特許権（以下「本件特許」という）につき、通常実施権を設定することを目的として本契約を締結する。

記

登録番号　特許第○○○○号
発明の名称　○○○○

第２条（通常実施権の範囲） 乙の本件特許を実施する権利の範囲は、以下のとおりとする。
実施期間　令和○年○月○日から令和○年○月○日まで
実施地域　○○
実施内容　○○

第３条（本件特許の通常実施権の実施料） 本件特許の実施料は、定額法に従い、金○○万円とする。

第４条（実施料の支払方法） 乙は、甲に対し、本契約締結と同時に金○○万円を支払う。支払方法は、乙が甲指定の銀行口座に送金してこれを行う。

第５条（実施料の不返還） 甲が乙から受領した実施料は、いかなる場合においても返還しないものとする。

第６条（特許の表示） 乙は、本件特許の実施にかかる製品、これに関するカタログ、チラシ等に、本件特許の登録番号を表示しなければならない。

第７条（第三者への再実施の禁止） 乙は、第三者に対し、本件特許の実施権を譲渡し、または再実施権を許諾してはならない。

２　前項の規定は、甲が事前に乙に対し書面にて、同意をした場合には、これを適用しない。

第８条（技術、資料の提供） 甲は、実施権の内容に関連し、甲の所有するすべての技術、情報、その他の資料を乙に提供することとする。

２　甲は、乙に対し、特許の商業的開発の面において、乙に協力することを要する。

第９条（改良、新規発明） 乙が、実施権行使につき、改良もしくは新たな発明を行った場合には、乙は、甲に対し、無償で通常実施権を許諾することとする。

第10条（権利保全） 乙は、第三者における特許権侵害ないし特許権侵害の蓋然性がある場合には、ただちに甲にその旨を通知しなければならない。

２　乙は、いかなる場合であっても、本件特許の有効性につき、争ってはならない。

第11条（秘密保持義務） 甲および乙は、本契約に基づき、相互に知りえた相手方の秘密を遵守することを要し、かつ、第三者に漏洩してはならない。

第12条（損害賠償） 甲および乙は、本契約に規定する条項の一に違反した場合には、損害賠償の責めを負う。

第13条（合意管轄） 本契約における紛争に関しては、東京地方裁判所を第一審裁判所とすることを甲乙は合意する。

第14条（協議事項） 本契約書に定めのない事項は、甲乙の協議の上、別途、定めることとする。

以上、本契約の成立を証するため、本書面を２通作成し、甲乙記名押印の上、各１通を保有する。

令和○年○月○日

（甲）東京都○○区○○町○丁目○番○号
○○工業株式会社
代表取締役　○○○○　㊞

（乙）東京都○○区○○町○丁目○番○号
××産業株式会社
代表取締役　○○○○　㊞

書式　特許権専用実施権設定契約書

特許権専用実施権設定契約書

株式会社○○○（以下「甲」）と株式会社□□□（以下「乙」）は、甲の所有する後記特許権（以下「本件特許権」）について、乙に専用実施権を設定するための契約を締結した。

第１条（目的） 甲は、乙に対して、本件特許権について専用実施権を設定し、乙は、これに対して実施料を支払う。

２　乙は、本件専用実施権を、第三者に対し、譲渡し、または再実施権の設定、担保権の設定をしてはならない。

第２条（期間） 本契約の有効期間は、令和○年○月○日より○年間とする。

第３条（範囲） 甲が乙に対して設定する専用実施権の実施範囲は、次のとおりとする。

①　地域　日本全国

②　内容「○○○○」を使用した製品の製造、販売および輸入

③　特許権　後記表示のとおり

第４条（実施料等） 乙は、甲に対して、次のとおり実施料等を支払う。

①　実施権登録料として　金○○万円

②　実施料として　製品販売価格×販売量の○％

③　技術援助料として　金○○万円

２　前項の第１号および第３号の支払は本契約締結時に行い、第２号の支払は、毎会計年度ごとに終期より１か月以内に、甲の指定する銀行口座に振り込むことによって支払う。

第５条（登録手続） 甲は、乙のために、令和○年○月○日までに、専用実施権設定登録手続を完了させる。

２　前項の手続に要する費用は、乙がこれを負担する。

第６条（帳簿作成義務） 乙は、本件専用実施権の行使について記録し

た帳簿または電磁的記録を作成し、当該実施期間経過後○年間、これを保管しなければならない。

2　乙は、毎四半期ごとに期末より1週間以内に、本件専用実施権の行使にかかる製造、販売、輸出等の数量、金額等について、甲に対して、書面により定期的に報告しなければならない。ただし、書面の書式は、甲の指定するところによる。

第7条（通知義務） 乙は、正当な権限を有しない第三者が本件特許権を侵害し、または侵害するおそれがあることを知ったときは、遅滞なく、その旨を甲に通知しなければならない。

第8条（機密保持義務） 乙は、本契約に関して知り得た情報を、本契約以外の目的で使用し、または第三者に漏洩してはならない。

2　前項の義務を履行するために、乙は、社内における遵守事項を作成し、これを甲に対して交付しなければならない。

第9条（帳簿等閲覧権） 甲は、第6条第1項規定の帳簿等を閲覧する必要がある場合には、閲覧を希望する日の○日前までに乙に通知し、乙の指定する場所において、帳簿等を閲覧することができる。

2　甲より前項の通知があった場合、乙は、これに必要な協力をしなければならない。

3　甲は、第1項の帳簿等の閲覧によって知り得た乙の実施内容などの事項を、乙の承諾なく第三者に漏洩してはならない。

第10条（立入調査権） 甲は、事前に乙に通知をした上で、乙の主たる事務所、事業所、営業所、工場等に立ち入り、専用実施権の行使態様について、立入調査をすることができる。

第11条（違約金） 第9条または前条に規定する権利行使の結果、乙が実施料の正当な支払を怠っていたことが判明した場合、甲は、乙に対して、不足分に加えて、不足分金額の○○○％に相当する違約金を請求することができる。ただし、乙が相当な注意を払ったにもかかわらず不足分が生じたことを証明したときは、甲は、不足分に相当する金額のみを請求できる。

第12条（技術援助） 甲は、乙が本件専用実施権を円滑に行使することができるように、必要な技術を、適宜、援助しなければならない。

第13条（改良発明） 本契約の有効期間中、甲が、本件特許にかかる発明について改良発明を行った場合、乙に対して遅滞なくその旨を通知し、当該改良発明についても専用実施権を設定するものとする。

2　前項の場合、本契約有効期間中の実施料については、甲乙間の協議により決定する。

3　本契約の有効期間中、乙が、本件特許にかかる発明について改良発明を行った場合、甲に対して遅滞なくその旨を通知し、当該改良発明に関する諸権利の一切を甲に対して移転するものとする。

4　前項の場合、本契約期間中の実施料及び移転の対価については、甲乙間の協議により決定する。

5　その他、本契約期間中の、甲または乙による改良発明については、別途、甲乙間の協議により決定する。

第14条（解除） 甲及び乙は、各々相手方が本契約に基づく債務を履行しない場合には、相当の期間を定めて催告し、右期間内に履行がないときは、本契約を解除することができる。

2　甲または乙は、各々相手方が、差押、仮差押、仮処分、強制執行の申立てを受け、約束手形、為替手形の不渡処分が生じ、破産開始決定、民事再生、会社更生が始まり、合併、分割、組織変更が生じた場合には、催告なく、本契約を解除することができる。

3　第１項及び第２項の解除者は、相手方に対して、生じた損害の賠償を請求することができる。

第15条（協議義務） 本契約に規定のない事項もしくは解釈上生じた疑義については、甲及び乙は相互に、信義に従い誠実に協議を行い、これを解決しなければならない。

第16条（管轄） 本契約にかかる紛争については、東京地方裁判所を第一審の管轄裁判所とする。

附則　本契約締結の証として本契約書を２通作成し、甲乙は各々署名・捺印の上、各自１通ずつ保管する。

本件特許権の表示（詳細は別添仕様書に記載）

①　登録番号　特許第○○○○○号

②　発明の名称　「○○○○」

令和○年○月○日

（甲）○○県○○市○○区○○町○丁目○番○号
株式会社○○○
代表取締役　○○　○○　㊞

（乙）○○県○○市○○区○○町○丁目○番○号
株式会社□□□
代表取締役　□□　□□　㊞

15 特許権の存続期間や消滅・延長させる場合はどうなるのか

原則出願から20年までが特許権の寿命

◉ 特許権の消滅事由と消滅の効果

特許権は強力な権利ですが、以下に記載する一定の事由が生じた場合には消滅します。特許権が消滅すると、誰もが、特許発明を自由に実施することができるようになります。

①　存続期間の満了

特許出願の日から20年を経過すると、特許権は消滅します。特許権が発生する設定登録の日から20年ではないことに注意しましょう。

②　特許料の不納

特許権は国に登録されることによって認められています。そのため、その対価である特許料を納付しなければならず、納付を怠ると、ペナルティとして特許権は消滅します。

③　特許権の放棄

個人が物を捨てて所有権を放棄するように、特許権も財産権なので放棄することが認められています。

④　特許無効審決の確定

無効審判で、特許が無効であるとの審決が下されて、それが確定すると、その効果として特許権は消滅します。

⑤　相続人の不存在

通常、権利者が死亡すると、特許権も相続人に相続されます。しかし、相続人がいないケースでは、特許権は消滅することになります。

⑥　独占禁止法による取消

独占禁止法100条に基づいて特許が裁判所によって取り消されると、特許権は消滅します。

◉ 特許権の存続期間が延長されることもある

① 医薬品等の特許権の存続期間の延長

人の健康に影響を及ぼすおそれの高い医薬品や農薬の分野の発明の中には、行政上の許可（承認）がなければ製造・販売することが認められていない種類のものもあります。このような場合、特許を取得したとしても、許可が下りるまでは、実際には特許発明を実施することはできません。

そこで、この分を埋め合わせるために、医薬品医療機器等法による承認、または農薬取締法の登録が必要な特許については、５年間を限度として存続期間の延長が認められています。そのためには、医薬品等に係る延長登録出願を存続期間満了前６か月前の前日までにしなければなりません。

② 期間補償のための特許権の存続期間の延長

特許権の存続期間は登録日ではなく出願日から20年で終わるため、登録が認められるまでに審査などで長い時間がかかってしまった場合、その分だけ権利期間が短くなってしまいます。

そこで、特許出願日から５年経過した日または出願審査請求日から３年経過した日のいずれか遅い日の後に登録が認められた場合、下図の延長可能期間の存続期間の延長が認められています。そのためには、期間補償のための延長登録出願を特許権の設定登録日から３か月以内にしなければなりません。

■ 期間補償のための特許権の存続期間の延長 ……………………

延長可能期間 ＝ （設定登録日 － 基準日） － 控除期間

基 準 日：特許出願日から５年経過日・出願審査請求日から３年経過日のいずれか遅い日

控除期間：出願人の責めに帰する期間、審判・裁判に関する期間等

書式　特許権存続期間延長登録願

特許印紙

（74,000円）

特許法第67条第４項の延長登録願

令和○年○月○日

特許庁長官　殿

１　特許番号　第○○○○○号

２　延長を求める期間　○年○月○日

３　特許法第６７条第４項の政令で定める処分を受けた日

令和○年○月○日

４　延長登録出願人

住所又は居所　神奈川県川崎市高津区諏訪○丁目○番○号

氏名又は名称　株式会社　発明工業

５　代理人

識別番号　１３５７９８６４

住所又は居所　神奈川県川崎市高津区溝の口○丁目○番○号

氏名又は名称　実川　新太郎

６　特許法第６７条第４項の政令で定める処分の内容

医薬品医療機器等法第１４条第１項に規定する医薬品に係る同項の承認

・・・・・・・・・・・

７　添付書類の目録

延長の理由を記載した資料　　　１通

16　特許権を移転したい場合にはどうすればよいのか

権利を譲渡してしまうと、その特許発明を実施することができない

◉ 特許権は移転できる

特許権は発明を独占排他的に実施することができる権利ですが、通常の所有権などと同様に、他人への譲渡による移転もできれば、相続や合併を原因として移転することもあります。

特許権という特定の権利だけを移転させることを**特定承継**といいます。また、特許権は、特定承継以外に相続や合併によっても移転します。このように権利義務関係を包括的に移転させることを**一般承継**といいます。特許権の取得後に、権利を移転する場合、当事者間での移転手続きと特許庁への手続きを行います。

①　当事者間の手続き

特定承継の場合、当事者間の契約が必要になります。譲渡の対価（代金）や、移転登録申請の手続きを迅速かつ円滑に行えるよう譲渡人である特許権者側の協力を義務付ける条項などを規定します。

一般承継では、相続の場合は遺産分割協議書、合併の場合は合併契約書などを作成しておきます。

②　特許庁への手続き

特許権移転登録申請書には以下のものがあります。

・特許権移転登録申請書（相続・合併などの一般承継の場合）

一般承継の場合、登録しなくても効力が生じるとされています。ただ、一般承継の場合でも、遅滞なく特許庁に届け出る必要があります。そのため、特許権移転登録申請書に遺産分割協議書などの移転を証明する書面を添えて提出します。申請書には特許権１件あたり3,000円の収入印紙を貼付します。承継人・被承継人が同じであれば、１通の

申請書で複数の特許権の併合申請ができます。

・特許権移転登録申請書（譲渡などの特定承継の場合）

特定承継の場合は、特許庁で登録原簿に登録しなければ、効力が発生しません。特許権移転登録申請書に譲渡証書などの移転を証明する書面を添えて提出します。申請書には特許権１件あたり15,000円の収入印紙を貼付します。承継人・被承継人が同じであれば、１通の申請書で複数の特許権の併合申請ができます。

◉ 出願中の権利移転の手続き

特許を受ける前の出願中に特許を受ける権利を移転することもできます。出願中の場合も、特許後の場合と同様に大きく特定承継と一般承継の２種類の手続きがあります。

まず、特許後の場合と異なるのは、特許庁に提出する書類が特許権移転登録申請書ではなく、出願人名義変更届となる点です。

次に、出願人名義変更届に貼付する印紙は、収入印紙ではなく特許印紙となります。そして、特定承継の場合の特許印紙代は１件あたり4,200円ですが、一般承継の場合は印紙が不要です。

■ 特許権移転の手続きの流れ

一般承継

特許権とその他の権利義務を合わせて移転する場合など。相続や合併。

↓

当事者間の「契約」により移転の効力が生じる。

相続の場合は遺産分割協議書、合併の場合は合併契約書など。
※特許庁に遅滞なく届け出る必要あり。

特定承継

特許権のみを移転させる場合など。

↓

「特許原簿」への登録により効力が生じる。

特許庁に特許権移転登録申請書を提出することにより登録される。

書式　特許権移転登録申請書（一般承継・遺産分割協議書付）

収入印紙

（3,000円）

相続による特許権移転登録申請書

令和○年○月○日

特許庁長官　殿

1　特許番号　第○○○○○号

2　被承継人の表示

住所（居所）　神奈川県川崎市高津区溝の口○丁目○番○号

氏名（名称）　特川　発太郎

3　登録の目的　本特許権の移転

4　申請人（登録権利者・承継人）

住所（居所）　東京都杉並区浜田山○丁目○番

氏名（名称）　特川　発夫

5　添付書面の目録

⑴　被相続人の死亡の事実を証明する書面　　１通

⑵　相続人であることを証明する書面　　１通

⑶　相続人の印鑑証明書　　３通

遺産分割協議書

令和○年○月○日

令和○年○月○日、神奈川県川崎市高津区溝の口○丁目○番○号の特川　発太郎の死亡によって開始した相続における共同相続人である特川　発子、特川　発夫、特川　発次郎は、下記の相続財産について、特川　発夫に取得せしめるべく、民法第907条の規定による遺産相続の協議をした。

記

1　特許番号　第○○○○○号
2　発明の名称　歯ブラシ

本遺産分割協議を証するため、この遺産分割協議書三通を作成して署名（記名）押印し、各自その一通を保有するものとする。

相続人（続柄）住所　神奈川県川崎市高津区溝の口○丁目○番○号
　　　　　　妻　氏名　特川　発子　㊞
相続人（続柄）住所　東京都杉並区浜田山○丁目○番
　　　　　長男　氏名　特川　発夫　㊞
相続人（続柄）住所　神奈川県川崎市高津区溝の口○丁目○番○号
　　　　　次男　氏名　特川　発次郎　㊞

書式　特許権移転登録申請書（特定承継・権利譲渡証書付）

収入印紙

（15,000円）

特許権移転登録申請書

令和○年○月○日

特許庁長官　　　　　　　殿

1　特許番号　第○○○○○号

2　登録の目的　本特許権の移転

3　申請人（登録権利者）

住所（居所）　神奈川県川崎市高津区溝の口○丁目○番○号

氏名（名称）　株式会社　ハツメイ社

（代表者）　特川　発夫

4　申請人（登録義務者）

住所（居所）　神奈川県川崎市高津区諏訪○丁目○番○号

氏名（名称）　株式会社　発明工業

（代表者）　特田　発朗

5　添付書面の目録

⑴　譲渡証書　　　1通

⑵　譲渡人の印鑑証明書　1通

収入印紙

割印

譲渡証書

令和○年○月○日

（譲受人）
住所（居所）　神奈川県川崎市高津区溝の口○丁目○番○号
氏名（名称）　株式会社　ハツメイ社

特許番号　第○○○○○号

上記特許権は、弊社所有のところ、今般、これを貴社に譲渡したことに相違ありません。

（譲渡人）
住所（居所）　神奈川県川崎市高津区諏訪○丁目○番○号
氏名（名称）　株式会社　発明工業
代表者　　　　○○　○○　　㊞

書式　特許権譲渡契約書

収入印紙

割印

特許権譲渡契約書

○○○○（以下「甲」）と株式会社□□□（以下「乙」）は、甲の所有する後記特許権（以下「本件特許権」）につき、以下のとおり譲渡契約を締結する。

第１条（目的） 甲は、本件特許権を乙に譲渡するものとする。

第２条（代金） 乙は、本件特許権の代金として、総額金○○○○○円を甲に支払う。

２　前項の代金は、甲の指定する金融機関の口座に、乙が次の各期限までに振り込む方法によって支払う。

①　本契約締結時に　金○○○○万円

②　令和□□年□月□日　金□□□□万円

③　令和△△年△月△日　金△△△△万円

第３条（登録） 乙は、本契約締結後遅滞なく、本件特許権について、移転登録手続を行い、甲は、これに協力する。

２　前項の手続に要する費用は、乙がこれを負担する。

第４条（維持年金） 本件特許権にかかる維持年金については、前条の手続が完了する日の前日までは甲が、それ以後は乙が、これを負担する。

第５条（技術援助） 甲は、乙が本件特許権を維持、実施するために必要な技術及び情報を、乙に対して提供しなければならない。

第６条（秘密保持義務） 甲は、本契約締結後、本件特許権に関する秘密を漏洩するなど、本件特許権の財産的価値を減ずる行為を行ってはならない。

第7条（解除） 甲及び乙は、各々相手方が本契約に基づく債務を履行しない場合には、相当の期間を定めて催告し、右期間内に履行がないときは、本契約を解除することができる。

2 前項の解除がされた場合、解除者は、生じた損害の賠償を請求することができる。

第8条（協議義務） 本契約に規定のない事項もしくは解釈上生じた疑義については、甲及び乙は相互に、信義に従い誠実に協議を行い、これを解決しなければならない。

第9条（管轄） 本契約にかかる紛争については、○○地方裁判所を第一審の管轄裁判所とする。

附則

本契約締結の証として本契約書を2通作成し、甲乙は各々署名・捺印の上、各自1通ずつ保管する。

本件特許の表示

特許番号　特許第××××号

発明の名称「××××」

特許出願の年月日　令和××年×月×日

特許公告の年月日　令和××年×月×日

特許登録の年月日　令和××年×月×日

令和○年○月○日

（当事者の住所・署名・捺印　略）

書式　特許権譲渡証書（単独申請承諾書付）

収入印紙

割印

譲渡証書

令和○年○○月○○日

譲受人

住所（居所）　○○県○○市○○区○○丁目○番○号

氏名（名称）　○○　○○　殿

（代表者）

特許番号　第○○○○○○○号

上記特許権は、私（弊社）所有のところ、今般、これを貴殿（貴社）に譲渡したことに相違ありません。

なお、本譲渡に基づく特許権移転の登録を貴殿が単独で申請することに異議なく、これを承諾します。

譲渡人

住所（居所）　○○県○○市○○区○○丁目○番○号

氏名（名称）　○○　○○　㊞

（代表者）

書式　出願人名義変更届

特許印紙

（4,200円）

【書類名】　出願人名義変更届
【あて先】　特許庁長官　殿
【事件の表示】
　【出願番号】　特願○○○○－○○○○○○
【承継人】
　【識別番号】　１２３４５６７８９
　【氏名又は名称】　特許株式会社
　【代表者】　特許　一郎
【提出物件の目録】
　【物件名】　譲渡証書　　１
　【物件名】　印鑑証明書　　１

書式　特許を受ける権利の譲渡証書

収入印紙

割印

譲渡証書

令和○年○○月○○日

譲受人

住所（居所）　○○県○○市○○区○○丁目○番○号

氏名（名称）　○○　○○○　殿

（代表者）

譲渡人

住所（居所）○○県○○市○区○丁目○番○号

氏名（名称）○○　○○　　㊞

（代表者）

下記の発明に関する特許を受ける権利を貴殿に譲渡したことに相違ありません。

記

1　特許出願の番号　特願○○○○－○○○○○○号

2　発明の名称　△△△△

17 氏名・住所を変更させる場合の手続きについて知っておこう

出願中と登録後では手続きが大きく異なる

◉ 氏名や住所を変更した場合

社名を変更したり、個人が転居した場合、特許庁に氏名（名称）変更や住所（居所）変更などの手続きをする必要があります。特許庁は権利者のデータを「出願中は識別番号ごとに、登録後は特許番号ごとに」というように登録の前後で分けて管理しています。そのため、氏名変更などの手続きは、出願中と登録後では大きく異なります。

◉ 登録後の氏名変更・住所変更

登録後に特許権の権利者の氏名（名称）や住所が変更になった場合は、登録名義人の表示変更登録申請書を特許庁へ提出して、特許原簿の表示を変更してもらうことが必要です。

表示変更登録申請書には１件あたり1,000円分の収入印紙を貼付します。たとえば、特許権を３つ所有している特許権者Aが、この３つの特許権について住所変更する場合は３件分の3,000円の収入印紙を貼付します。また、特許権を１つ所有している特許権者Bが、この１つの特許権について氏名（名称）変更と住所変更の手続きを同時に行う場合は２件分の2,000円の収入印紙を貼付します。なお、収入印紙には割印をしないで提出します。

◉ 表示変更登録申請書の記載事項

表示変更登録申請書には、特許番号、変更に係る表示、登録の目的、申請人などを記載します。

特許番号には、表示変更する対象となる特許の番号を記載します。

複数の特許について一度に手続きをすることも可能ですので、その場合は対象となる複数の特許番号を列挙します。

変更に係る表示の欄は、たとえば住所変更の場合であれば、変更前の表示の箇所に特許原簿上の住所を記載し、変更後の表示の箇所に現在の住所である新住所を記載します。なお、1つの表示変更登録申請書で氏名変更と住所変更を一緒に申請することができます。

登録の目的の欄は、「登録名義人の表示変更」と記載します。

申請人の欄は、登録名義人の現在の住所・氏名などを記載します。登録名義人が会社の場合は、現在の住所・名称・代表者名を記載します。そして氏名または代表者名の右横に押印します。

◉ 出願中の氏名変更・住所変更

出願中の出願人の氏名変更・住所変更の手続きは、特許出願を対象としてではなく、出願人の識別番号を対象に行います。もし出願中の特許出願が複数あった場合、一通の氏名（名称）変更届を提出するだけで、すべての出願中の特許出願に反映されます。

■ 氏名（名称）変更・住所（居所）変更の手続き ………………

＜必要書類＞

	登　録　後	出　願　中
氏名・名称変更	登録名義人の表示変更登録申請書	氏名（名称）変更届
住所・居所変更	登録名義人の表示変更登録申請書	住所（居所）変更届

（注）代理人によって手続きを行う場合は、さらに委任状が必要となります。

＜申請書・届に貼付する１件あたりの印紙の種類と額＞

	登　録　後	出　願　中
氏名・名称変更	収入印紙1,000円	なし
住所・居所変更	収入印紙1,000円	なし

書式　登録名義人の表示変更登録申請書（会社の名称変更の場合）

収入印紙

（1,000円）

登録名義人の表示変更登録申請書

令和○年６月１日

特許庁長官　殿

１　特許番号　第○○○○○○○号

２　変更にかかる表示

変更前の表示

名　称　特許株式会社

変更後の表示

名　称　実案株式会社

３　登録の目的　登録名義人の表示変更

４　申請人

住　所　東京都港区○○○１－１－１

名　称　実案株式会社

代表者　実案　二郎　㊞

書式　登録名義人の表示変更登録申請書（個人の住所変更の場合）

収入印紙

（1,000円）

登録名義人の表示変更登録申請書

令和○年６月１日

特許庁長官　殿

１　特許番号　第○○○○○○○号

２　変更にかかる表示

変更前の表示

住　所　東京都世田谷区○○○２－２－２

変更後の表示

住　所　東京都文京区○○○３－３－３

３　登録の目的　登録名義人の表示変更

４　申請人

住　所　東京都文京区○○○３－３－３

氏　名　特許　一郎　㊞

書式　氏名（名称）変更届

氏名（名称）変　更　届

令和○年６月１日

特許庁長官　殿

１．氏名（名称）を変更した者

識別番号　　○○○○○○○○○

住所又は居所　東京都港区○○○１－１－１

旧氏名又は旧名称　　特許株式会社

新氏名又は新名称　　実案株式会社

代表者　　　　　　　実案　二郎　㊞

書式　住所（居所）変更届

住所（居所）変　更　届

令和○年６月１日

特許庁長官　殿

１．住所（居所）を変更した者

識別番号　　○○○○○○○○○

旧住所又は旧居所　東京都世田谷区○○○２－２－２

郵便番号　　　　　１１２－０００１

新住所又は新居所　東京都文京区○○○３－３－３

氏名又は名称　　　特許　一郎　㊞

電話番号　　　　　０３－○○○○－○○○○

18 異議申立て・審判・審決取消訴訟について知っておこう

審判の手続きは訴訟と異なる

◉ 特許異議の申立制度とは

特許異議の申立制度は、他人が持っている特許の取消しを求める機会を与える制度です。あわせて、特許の付与が適正であったのかを容易かつ迅速に見直すことができる制度ということもできます。

特許異議の申立制度は、すべての人が申し立てることができます。もっとも、特許掲載公報発行の日から６か月以内に申し立てる必要があり、公益的な理由に基づく申立てのみ認められています。また、何人も申立人になることができますが、住所・氏名を記載しなければなりませんので、匿名による申立てはできません。しかし、同様に他人の特許権を失わせる目的で行われる特許無効審判が、利害関係人でなければ提起できないのに比べると、幅広く利用できる制度ということができます。

特許異議の申立制度は、すべての審理について、書面審理によって手続きが進められるため、申立人はもちろんのこと、申立てを受けた特許権者にとっても、煩わしい口頭による主張を行わなくてよい点で、関係者の負担が軽減されているという特徴があります。

申立てがされると、特許権者に異議番号通知が送られてくるので、申立てを知ることができます。その後、取消理由通知が送られて来ない場合は、特許が維持されますので何もすることはありません。

ただし、取消理由通知が送られて来た場合は、特許権者は取消決定が出ないように意見書などを特許庁に提出する必要があります。

特許異議の申立てが認められると、取消決定が行われ、特許権ははじめから存在していなかった扱いになります。そのため、申立人は、特許権者から特許権侵害の警告や訴えを起こされる心配もなく、その発明を実施することが可能になります。また、異議申立てにより特許の取消しが認められない場合であっても、異議申立てを受けて、特許権者が権利の範囲を狭くする訂正などを行う場合もあります。

◉ 審判の種類

審判は、特許に関する処分に対する不服申立てです。拒絶査定不服審判・訂正審判・無効審判の３種類があります。拒絶査定不服審判と訂正審判は、審判請求人と特許庁との間で審理が進められる手続きです。これに対し無効審判は、審判請求人と被請求人という対立する当事者間での争いを、特許庁で審理する手続きです。

審判は、特許庁に所属する審判官複数名（３名または５名）からなる合議体によって行われます。公正を期すために、不服の対象となっている査定に関与した審査官などは除かれます。また、審判官が一方当事者と特別な関係にある場合、他方当事者は、その審判官の除斥を申し立てることができます。担当審判官には、その技術分野に精通している者が選任されます。

査定などの処分に不服のある者は、特許庁長官に審判請求書を提出し、審判開始を請求します。そこには「請求の趣旨」及び「請求の理由」を記載します。「請求の趣旨」とは、請求人が求める審判の結論のことです。「請求の理由」には、「請求の趣旨」の根拠となる事実を記載します。請求に方式違反、手数料未納、請求期間の経過などの不備があると請求が却下されますが、補正をすれば却下を免れる場合があります。

◉ 審理の方式と進行

審理の方式は２通りあり、審判の形態によって原則が異なります。

当事者系審判（無効審判）では、当事者の口頭による陳述を中心に審理します（口頭審理）。他方、**査定系審判**（拒絶査定不服審判と訂正審判）では、請求人が提出した書面上の記載を中心に審理が行われます（書面審理）。ただ、それぞれ例外的に、別の審理方式を採用することもあります。

審理の進行は、迅速な審理を実現するために、審判官の職権で行われます。また、審判の対象は、請求人が申し立てていない理由に対しても及びます。たとえば、新規性の要件の認定をめぐって不服が申し立てられていても、審判官は、他の要件についても審理できます。さらに、証拠調べは、請求人・被請求人の申立てがなくても、審判官が職権で行うことができます。

事件について判断を下すのに十分だと審判長が考えた時には、審理は終了し、審決が下されます。審決の謄本は、当事者に送達されます。当事者系審判では、審判で敗訴した当事者が、原則として費用を負担します。査定系審判では、常に請求人が費用を負担します。

■ 審判のしくみ

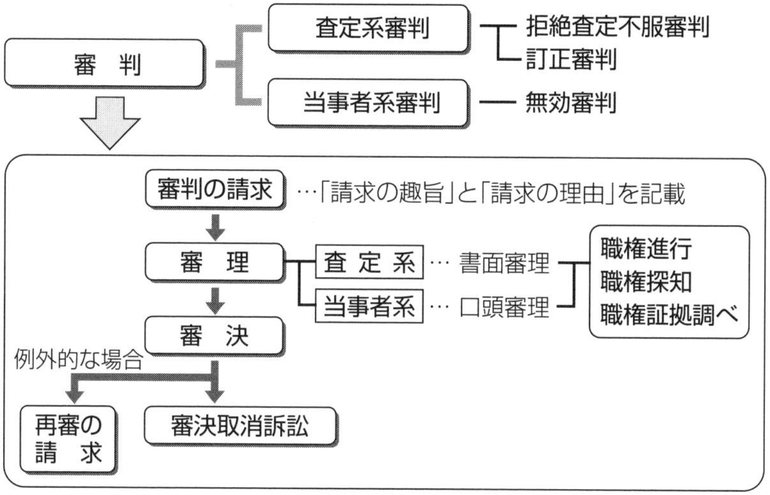

なお、審判制度に対する信用を確保するため、審決の証拠となった文書が偽造だったなどの一定の事由がある場合には、請求により再び審理が行われます。これを**再審**といいます。

再審は、たとえば、偽造や変造された証拠によって事実が認定されたというような一定の事由が生じた場合に限定されています。再審請求は、審決が確定した後に、再審事由を知った日から30日以内に行わなければなりません。また、再審事由を知ったのが遅かったとしても、審決が確定した日から３年を過ぎると、請求は認められません。

◉ 特許無効審判とは

特許無効審判とは、特許要件を満たさないにもかかわらず誤って特許が認められた場合に、特許処分の無効を求める手続きです。

たとえばAが「X」という発明の特許権を取得したが、Bがその「X」に新規性がないと判断して「X」を利用した製品を製造・販売しようとする場合、BはAから特許権侵害を指摘されないように特許無効審判を請求し、特許を無効にしておく必要があります。

特許無効審判は、請求によって始まります。特許無効審判には、請求期間の制限はありません。たとえ特許権が消滅した後であっても、請求は可能です。

なお、特許無効審判は、特許発明と似たような製品を製造している人や特許権者から侵害訴訟を提起されている人のような利害関係人のみが請求することができます。

◉ 特許無効審判の請求手続き

特許無効審判の請求は、審判請求書という書面を特許庁に提出することによって行います。審判請求書には、「請求の趣旨」「請求の理由」などを記載します。「請求の趣旨」には、請求人が求める審決を簡潔に記載します。また、「請求の理由」には、無効事由を記載しますが、具体的な事実を挙げます。無効事由は、ほぼ審査の時の拒絶理由と同じです。たとえば「新規性がない」「進歩性がない」「出願書類の明細書等の記載に不備がある」などの事実です。事実ごとに用意してある証拠との関係を記載します。

◉ 審理手続きと審決、不服申立て

請求が受理されると、審理が始まります。審理は当事者対立構造が基本で、請求人と被請求人（特許権者）が相互に証拠を出し合って、自分の主張を展開します。口頭審理が原則となっています。審理の結果、請求認容の審決が下されると特許はさかのぼって無効となります。逆に、請求が棄却されると、特許権はそのまま維持されます。

特許無効審判の審決の内容について納得がいかない場合、さらに知的財産高等裁判所に対する不服申立てが認められています。これが**審決取消訴訟**です。この訴訟の判決の内容について納得がいかない場合は、さらに最高裁判所へ上告することもできます。

■ 審決取消訴訟のしくみ

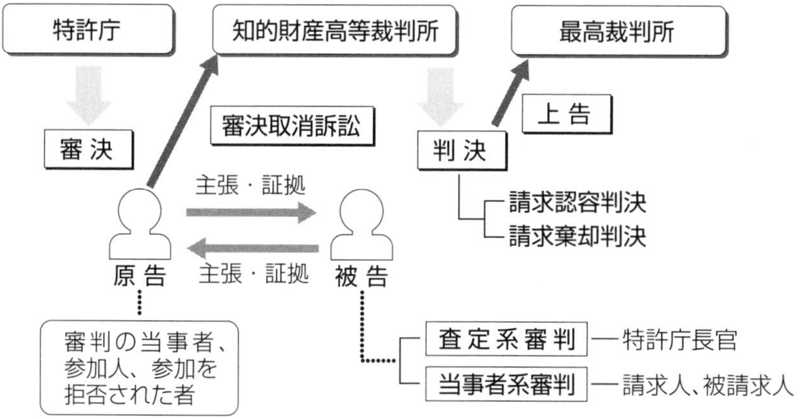

特許印紙

（　　円）

審判請求書

令和○年○月○日

特許庁長官　殿

１．審判事件の表示

特許第○○○○○○号特許無効審判事件

２．審判の請求に係る請求項の数　２

３．請求人

住所（居所）	東京都杉並区浜田山○丁目○番○号
電話番号	０３－○○○○－○○○○
氏名（名称）	特島産業株式会社
（代表者）	特島　太郎

４．被請求人

住所（居所）	神奈川県川崎市高津区諏訪○丁目○番○号
氏名（名称）	株式会社　発明工業

５．請求の趣旨　特許第○○○○○○号の特許請求の範囲の請求項１及び２に記載された発明についての特許を無効とする。審判費用は被請求人の負担とする、との審決を求める。

6．請求の理由

⑴　請求の理由の要約

特許法第29条第１項第３号（特許法第123条第１項第２号）

⑵　手続きの経緯

特許印紙	本件特許発明	証拠
1	A．………… B．………… C．………… D．………… を特徴とする○○○○。	甲第１号証　特開○○－○○○号公報第○頁第○行から第○頁第○行 A．………… B．………… C．………… D．…………
2	E．………… を特徴とする請求項１記載○○○○。	甲第２号証　特開○○－○○○号公報第○頁第○行から第○頁第○行E．…………
理由の要点	請求項１）　請求項１に記載のA．B．C．D．は、甲第１号証に記載のA．B．C．D．と同一である。 請求項２）請求項２に記載のE．は、甲第２号証に記載されている。	

出願　令和○年○月○日

登録　令和○年○月○日

特許掲載公報発行　令和○年○月○日

(特許第○○○○○○○号公報)

⑶　無効審判請求の根拠

本件特許の請求項１及び２は、本件特許の出願前に日本国内において、頒布された刊行物である甲第１号証及び甲第２号証に記載された発明と同一であるから、特許法第29条第１項第３号の規定により特許を受けることができないものであり、その特許は同法第123条第１項第２号に該当し、無効とすべきである。

⑷　本件特許を無効にすべき理由

①　本件特許発明

本件の請求項１，２に係る各特許発明は、本件特許第○○○○○○号の願書に添付した特許請求の範囲の当該各請求項に記載されたとおりの、

「(請求項１)

A. ………………

B. ………………

C. ………………

D. ………………

(請求項２)

E. ………………」

である。

②　先行技術発明が存在する事実及び証拠の発明

本件特許の出願前に頒布された刊行物である甲第１号証（特開○○－○○○号公報、×年×月×日発行）の第○頁第○行から第○頁○行には、請求項１に係る本件特許発明の構成であるA. B. C. D. に相当する構成が記載されている。

すなわち、……………………と記載されている。

さらに、本件特許の出願前に頒布された刊行物である甲第２号証（特開○○－○○○○号公報、○年○月○日発行）の第○頁第○行から○行には、請求項２に係る本件特許発明の構成であるE. に相当する構成が記載されている。

すなわち、……………………と記載されている。

(5)　本件特許を無効にすべき理由

以上のとおり、本件特許の請求項１及び２は、本件特許の出願前に日本国内において、頒布された刊行物である甲第１号証及び甲第２号証に記載された発明と同一であるから、特許法第29条第１項第３号の規定により特許を受けることができないものであり、その特許は同法第123条第１項第２号に該当し、無効とすべきである。

７．証拠方法

(1)　本件特許の請求項１及び２が、本件特許の出願前に日本国内において、頒布された刊行物に記載された発明と同一であることを、甲第１号証及び甲第２号証により立証する。

(2)　甲第１号証：特開○○－○○○号公報
　甲第２号証：特開○○－○○○○号公報

８．添付書類の目録

(1)　甲第１号証写し　　正本１通及び副本２通
(2)　甲第１号証写し　　正本１通及び副本２通
(3)　審判請求書　　　　副本２通

19 外国への特許出願について知っておこう

パリ条約やPCT条約などの制度を利用すると便利

◉ 特許権が有効なのは国内だけ

日本で特許権を取得した場合、その効力は日本国内に限られます。外国でも発明についての独占的な利益を得たいのであれば、それぞれの国で特許権を取得する必要があります。

国ごとの特許制度は大筋は似ていますが、それでもいろいろと違いがあります。そのため、外国で特許権を取得しようとする場合、その国で特許を受けられる要件を調査しなければなりません。たとえば、ソフトウェア特許を認めているかどうかもそのひとつです。日本やヨーロッパではプログラム自体が発明として認められる可能性がありますが、現在のところ米国や中国などではプログラムが記憶媒体などに記憶されていることが必要なので注意が必要です。

◉ 外国での特許出願の必要性

国際化社会の中、海外市場へ商品を売り込むだけではなく、生産拠点を海外において、製造コストを節減するようなケースも多いでしょう。このどちらの場合でも、海外に発明のノウハウ、内容を開示しなければ、製造も販売もできません。しかし、特許権の効力は日本国内に限られているので、仮に日本人が海外での製造や販売をしていても、日本の特許権は及びません。そのため、発明を保護するためには、進出した先の各国で特許権を取得する必要があります。

◉ 国際条約について

パリ条約は、工業所有権の保護に関する国際条約です。パリ条約の

４条は**優先権**について規定しています。パリ条約に基づく優先権を主張することができるのは、パリ条約に加盟している国に対してだけです。この優先権により、日本で出願してから１年以内にパリ条約に加盟している国にした出願は、その間に行われた行為によって不利な取扱いを受けないとされます。たとえば、日本出願後に発明が公表されたり実施されたとしても、発明の新規性を失いません。

また、**特許協力条約（PCT）**は、出願の方式・手続きを国際的に統一するための条約です。これによって、日本の特許庁へPCT国際出願書類を１通提出するだけで、すべてのPCT加盟国に国内出願したのと同じ扱いを受けることができます。ただし、PCT国際出願は、あくまで国際的な出願手続きであり、特許権を取得するための要件は最終的に各国の国内法に従って各国特許庁によって審査されます。このPCT国際出願の手続きを各国の国内手続きに結びつけることを、PCTでは**国内移行手続き**といいます。

■ 外国で特許を取得するための方法

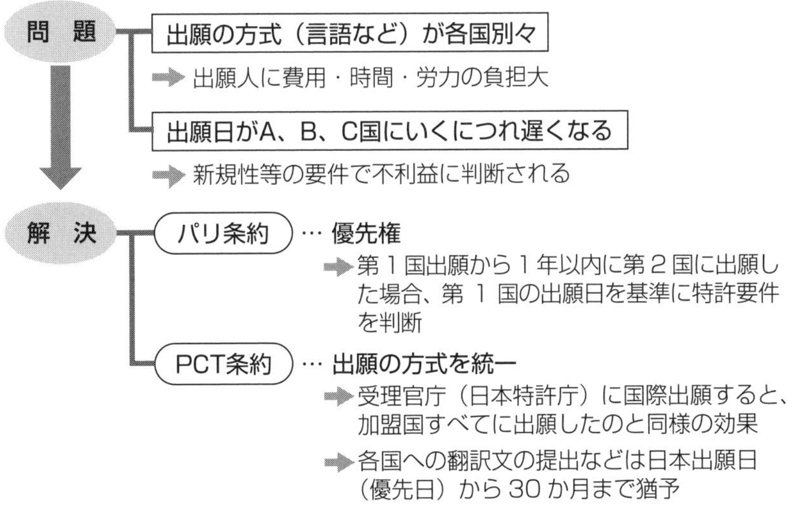

20 さまざまな特許権への制約について知っておこう

特許権の効力が及ばない範囲がある

◉ 場所的範囲・人的範囲・時間的範囲

日本で発明して、日本で特許を受けた発明が、海外で勝手に実施されたとき、差止めや損害賠償の請求はできるのでしょうか。残念ながら、特許権の効力は自国領内にしか及ばないとされています（場所的範囲）。これを**属地主義の原則**と呼びます。ですから、国際化時代の中、海外向けに技術を輸出するときには、パリ条約やPCT条約などの制度を利用して輸出先の国の特許も取得することを検討しなければならないでしょう。

前述した海外で実施された場合についてもう少し詳しく見てみましょう。「実施」とは製造や販売をすることですから、特許になった発明を応用した製品が、海外で製造されて、海外に販売された場合は、特許権の侵害を主張することができません。しかし、海外で製造されて、日本で販売されたようなときは、日本国内で販売が実施されていますので、特許権侵害になります。

また、特許権の効力は、特許された国の中で広く万人にその効力が及びます（人的範囲）。これを、対世的効力と呼びます。ですから、特許権の効力がどのような人にまで及ぶのか、という点では、人種、国籍はもちろん、特許法を知っているかどうか、その発明が特許を受けていることを知っているかどうかも問われません。

特許権は、出願時ではなく、特許権の設定登録がされたときから、効力が生じます（時間的範囲）。さらに、未来永劫に権利が続くのではなく、出願から原則として20年で消滅します。また、特許料の不納などがあるとその前に特許権は消滅します。

◉ 事情による制約

他にも、さまざまな事情によって特許権が制約される場合があります。技術の進歩を目的とする試験や研究にまで特許権の効力を及ぼせば、その目的を阻害します。そこで、「試験または研究のためにする特許発明の実施」に特許権の効力は及ばないとされています。たとえば、企業の研究開発部員が、他社の開発した技術を把握するために、公開されている特許情報を基に試作品を作り、その機能や性能を確認する、といった場合です。ただし、試験や研究の結果、生産された物を販売する行為には、当然に特許権の効力が及びます。

さらに、国際交通の便宜を考えて、「単に日本国内を通過するに過ぎない船舶、航空機、これらに使用する機械・器具・装置など」にも、特許権の効力は及びません。他に「2つ以上の医薬を混合し製造する方法の発明等」の特許権の効力は、医師の調剤行為や医師の処方箋にもとづく調剤行為には及びません。

■ 特許権に対する制約

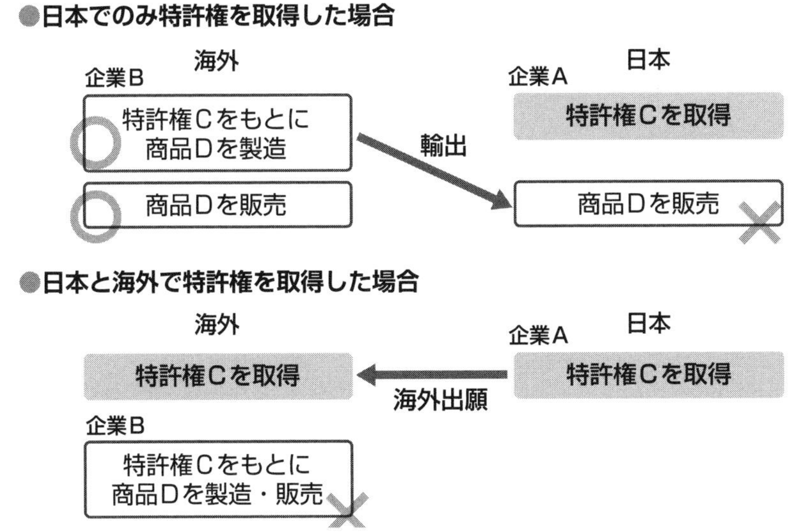

21 実用新案登録はどのようにすればよいのか

小発明を保護するための制度である

◉ 実用新案権の起源

実用新案は、産業上役に立つちょっとした工夫の**小発明**を保護するものです。つまり、技術的に高度な発明は特許で、「小発明」は実用新案で保護するという形で特許制度を補う役割を果たしながら、知的財産権保護制度の片輪を担ってきたということができます。国によっては米国のように実用新案制度がない国もあります。

現在の実用新案法の特徴は以下のとおりです。

① 出願日から数か月以内で登録

② 審査の簡略化（無審査主義）

方式的な要件と基礎的な要件を満たせば登録されます。

③ 存続期間は出願日から10年

◉ 実用新案権と特許権では何が違う

ここでは、実用新案権と特許権の違いをもう少し細かく整理します。

① 存続期間

製品のライフサイクルの短いものが多いことを反映し、特許権が出願日から20年に対して、実用新案権は10年となっています。

② 権利行使に技術評価書が必要

実用新案権は実体審査をせずに登録されます。このため、当の実用新案権者も含め、その実用新案登録が本当に有効なものかどうかがわからないことになります。

たとえば、自分だけの考案だと思って商品を販売していたところ、ある日突然、別のメーカーから「当社の特許権を侵害している」と警告書が送られて来るというおそれがあるのです。

そこで、誰でも、そしていつでも、実用新案登録が有効かどうかの評価を特許庁に請求することができるようになりました。この評価が記載された書面が**実用新案技術評価書**です。

他社に実用新案権侵害の警告を発する場合、警告を発する人、通常は実用新案権を持っている人がこれを添付します。

なお、技術評価書は、その実用新案で保護している技術がすでに文献で知られているものか、文献に基づいて容易に考えつくものでないか、出願が最初に行われたものか、を評価するものです。しかし、技術評価書は、評価対象となっている技術が実用新案として登録されるのに必要な要件のすべてについて判断したものではありません。

実用新案権が侵害された場合に、侵害した人を訴えるときは、特許庁が作成した技術評価書を提示して警告する必要があります。無審査主義によって、実用新案権は基礎的な要件の確認だけで登録を受けられます。そのため、権利として保護するのには不適切なものまでが登録されているおそれがあります。そこで、権利行使をするときには、権利の濫用を防止するため、技術評価書という特許庁が作成した書類を提示して警告することを要件にしました。

■ 特許と実用新案の違い

	特　許		実用新案
保　護　対　象	発　明	⟷	小発明
実　体　審　査	あ　り	⟷	な　し
存　続　期　間	20年	⟷	10年
権利行使の要件	なし	⟷	技術評価書の提示が必要

22 実用新案の登録要件について知っておこう

方式要件と基礎的要件が審査される

◉ 登録のための要件

現在の実用新案法は、特許法と異なり実体的な要件については無審査主義をとっていますが、登録されるためには、方式的な要件と基礎的な要件の審査を通らなければなりません。具体的には、次のことが求められます。

① 「物品の形態」に関するアイデアであること

日用品雑貨はこれに該当しますが、製造方法や化学物質のような「方法のアイデア」「物質のアイデア」などはこれに該当しません。また、実用新案権の保護の対象は「物品の形状、構造又は組合せに係る考案」（実用新案法１条）に限られているため、システム開発の結果、作成されるコンピュータ・プログラムや医薬品などは、実用新案の保護の対象とはなりません。

② 社会道徳に反していないこと

一般的に認められている社会秩序や道徳に反するものは保護されません。

③ 出願書類が適正であること

出願後の補正は時期的にもかなり制限されているので、出願書類の作成には細心の注意が必要です。

◉ 権利が有効であるための要件

実用新案権が有効に機能するためには、実体的な要件を満たしている必要があります。たとえば、すでによく知られたアイデアであったり、すでに実施されているアイデアであったりすると、実用新案登録無効審判で登録は無効とされてしまいます。

また、迅速かつ簡単に登録ができるというメリットがある一方、厳格な審査がないために、権利が不安定となり、出願人が十分に調査しなければならないというデメリットもあります。

◉ 実用新案登録の費用

実用新案では、出願と同時に第１年分〜第３年分の登録料を納付する必要があります。したがって、出願時に、出願料として１件につき14,000円と、登録料として３年分の額（毎年2,100円に１請求項につき100円を加えた額）を一括して納付する必要があります。また、書面による出願の場合は、別途、電子化手数料として、１件につき2,400円に書面１枚につき800円を加えた額が必要になります。

そして、権利行使にあたっては、実用新案技術評価書が必要になります。これにかかる費用は、１件につき42,000円に、１請求項につき1,000円を加えた額です。また、登録後も権利を維持するためには、第４年から第６年までは毎年6,100円に１請求項につき300円を加えた額、第７年から第10年までは毎年18,100円に１請求項につき900円を加えた額の登録料を納めなければなりません。

■ 実用新案の登録要件

方式要件	基礎的要件
法律の定めに従って作成された必要書類を提出している	物品の形状、構造・組合わせについての考案である 公序良俗に反していない 請求項の記載様式及び出願の単一性を満たしている 明細書・図面に必要な事項が記載されており、その記載が著しく不明確でない

➡ 問題がない場合、実用新案登録がされる

23 実用新案登録出願の手続きについて知っておこう

図面が必須の書類となる

◉ 実用新案登録出願から登録まで

ここでは手続きについて説明します。特許庁に提出する書類は、願書、実用新案登録請求の範囲、明細書、図面、要約書です。特許の場合とは異なり、実用新案では、図面が必須の書類とされています。実用新案は、物品の形状、構造または組み合わせについての考案であるため、図面で表しやすいという特徴があるからです。

なお、出願と同時に３年分の登録料を納付しなければなりません。

したがって、請求項の数が３の実用新案登録出願をする場合の特許印紙代は、出願料（14,000円）と登録料（7,200円）の合計21,200円となります。

それぞれの書類を作成する際のポイントは以下のとおりです。

・実用新案登録願

願書の作成方法は、基本的に特許の場合と同じです。特許の願書と違う点は、①【発明者】の項目が【考案者】になる点、②【特許出願人】の項目が【実用新案登録出願人】になる点、③実用新案登録の場合、出願と同時に第１年分～第３年分の登録料を出願料と共に納付する必要があるため、【納付年分】の項目を設けて、そこに「第１年分から第３年分」と記載する点です。

・実用新案登録請求の範囲

実用新案登録請求の範囲には、実用新案登録を受けようとする考案を特定して記載します。記載上の注意点は、特許請求の範囲と同様、明細書において開示された考案を記載すること、請求項ごとに保護を受けようとする考案を特定するために必要なすべての事項を過不足なく記載することなどです。

・明細書

明細書は、出願の対象となる考案を具体的に説明、開示するための書類です。その記載方法は、特許の明細書と同じで、その考案の属する技術分野の当業者が実施できる程度に、考案の内容を明確かつ十分に記載する必要があります。

・図面

図面を作成する際の注意点は、以下のとおりです。図の大きさは、特許出願の場合と同じく横170mm、縦255mmを超えてはいけません。図の書き方は、原則として製図法に従って、黒色で、鮮明にかつ容易に消すことができないように描きます。

・要約書

要約書は、明細書に開示された考案の概要を、400字以内で簡潔に記載した書類です。特許の要約書と同じく、第三者のサーチや検索の便宜を図るための書類ですから、その記載にあたっては、技術的にわかりやすく、簡潔にまとめるよう心がけましょう。

■ 出願から登録までの流れ

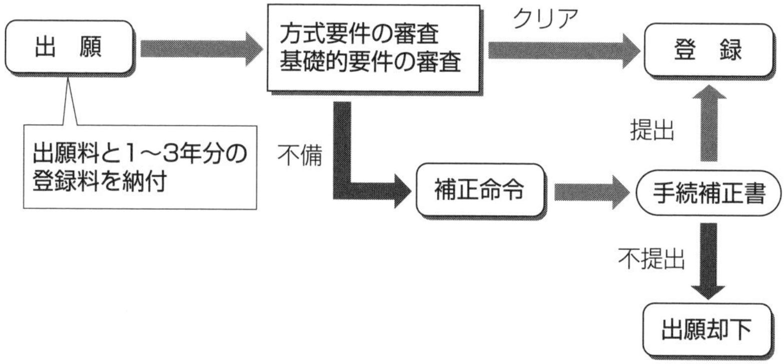

◉ 書類の方式要件、基礎的要件の審査

前述した書類については、書類の書き方など、形式面で不備がないかどうかという方式要件の審査と、実用新案権の対象である「物品の形態」に関するアイデアかどうかなどの基礎的要件の審査がなされます。しかし、新規性や進歩性があるかどうか、また先願かどうかなどの実体的な要件の審査は行われません。方式要件や基礎的要件を満たしていない場合は、出願書類を補充、訂正するために、手続補正書を提出する必要があります。この補正書を提出できる期間は、出願から１か月以内と制限されています。ただし、補正命令が出された場合は、指定された期間内であれば、１か月を経過した後でも補正ができます。

◉ 技術評価書の制度

実用新案権については、登録手続きが簡単になっている反面、実体的な要件の審査が省略されたため、登録された権利が安定的なものではなくなっているともいえます。

特許庁の審査官が、すでに登録されている考案と出願中の考案について、権利の有効性を判断するための客観的な資料として、一定の技術的な評価を行うのが**実用新案技術評価書**です。技術評価書は、実用新案権の実体的な要件である、①文献などですでに公になった考案でないこと、②先に出願されていないこと、③当業者が容易に考案をすることができなかったものであること、などを特許庁審査官が評価するものです。技術評価書により、その実用新案権が、形式面だけでなく実体的にも有効かどうかを客観的に知ることができます。実用新案権者が、侵害者に対して権利行使するときには、この技術評価書を提示して警告することが必要です。

なお、技術評価書を得るための実用新案技術評価請求書は、実用新案の出願以降いつでも特許庁へ提出でき、出願人や実用新案権者だけではなく、誰でも請求することができます。

書式　実用新案登録出願　願書

特許印紙

（　　円）

【書類名】　実用新案登録願
【整理番号】　Ａ－０００１
【提出日】　令和○年○○月○○日
【あて先】　特許庁長官　殿
【国際特許分類】　Ｂ２５Ｄ　０１／０４
【考案者】
　【住所又は居所】　東京都港区○○町○丁目○番○号
　【氏名又は名称】　実田　新郎
【実用新案登録出願人】
　【識別番号】　１２３４５６７８９
　【住所又は居所】　東京都杉並区○○町○丁目○番○号
　【氏名又は名称】　株式会社オールマイティ
　【代表者】　新川　案江
　【電話番号】　○○－○○○○－○○○○
【納付年分】　第１年分から第３年分
【提出物件の目録】
　【物件名】　明細書　　１
　【物件名】　実用新案登録請求の範囲　　１
　【物件名】　要約書　　１
　【物件名】　図面　　１

書式　実用新案技術評価請求書

特許印紙

(　　円)

【書類名】　実用新案技術評価請求書
【提出日】　令和○年○○月○○日
【あて先】　特許庁長官　殿
【実用新案登録番号】　実用新案登録第○○○○○○○号
【評価の請求に係る請求項の数】　2
【評価の請求に係る請求項の表示】　請求項1、請求項2
【請求人】
　【識別番号】　123456789
　【住所又は居所】　神奈川県川崎市高津区諏訪○丁目○番○号
　【氏名又は名称】　株式会社　発明工業
　【代表者】　特田　発朗

書式　実用新案登録出願　実用新案登録請求の範囲

【書類名】　実用新案登録請求の範囲

【請求項1】
　柄の先端部に、端部を略平坦な釘打ち部とした略円柱状頭部を備えるハンマーにおいて、前記略円柱状頭部の前記釘打ち部と反対側の他半部側に、左右二股状をなして釘を挟み込む釘抜き部を形成すると共に、前記略円柱状頭部の前記柄と反対側における釘抜き面との当接部を、前記釘抜き部から前記釘打ち部にわたって、側面視円弧状をなす曲面部として形成したことを特徴とする釘抜き付きハンマー。

【請求項2】
　前記略円柱状頭部の前記柄側は、側面視直線状をなし、前記曲面部は、前記釘打ち部の略平坦面内まで延長されていることを特徴とする請求項1記載の釘抜き付きハンマー。

書式　実用新案技術評価書

実用新案法第１２条の規定に基づく実用新案技術評価書

1．登録番号　３０１２３４５
2．出願番号　実願２００４－０１２３４５
3．出願日　平成１６年５月１日
4．優先日／原出願日
5．考案の名称　寝具付きぬいぐるみ
6．実用新案登録出願人／実用新案権者
　実用　太郎
7．作成日　平成１６年７月１日
8．考案の属する分野の分類　Ａ６３Ｈ　３／０２
　（国際特許分類第７版）　３／００
　３／０４
　Ａ４７Ｊ　９／０８
9．作成した審査官　俵　香志代　（９１３６　３Ｌ）
10．考慮した手続補正書

11．先行技術調査を行った文献の範囲
●文献の種類　日本国特許公報及び実用新案公報
　分野　国際特許分類第７版
　Ａ６３Ｈ　３／００－３／０４
　Ａ４７Ｇ　９／００－９／０８
　時期的範囲　～平成１６年７月１日
●その他の文献　・○○○○編「生活百科（収納編）」（平成３年５月６日発行）○○社
・特開昭６２－１２３４５６号
・特開昭６３－２４６７３４号
・実願昭６３－１３４５８７号（実開平０１－０２３４６４号）のマイクロフィルム

（備考）

『日本国特許公報及び実用新案公報』は、日本特許庁発行の公開特許公報、公表特許公報、再公表特許、特許公報、特許発明明細書、公開実用新案公報、公開実用新案明細書マイクロフィルム等、公表実用新案公報、再公表実用新案、実用新案公報及び登録実用新案公報を含む。

---

12. 評価

・請求項　　　　1及び2
・評価　　　　　1
・引用文献等　　1
・評価についての説明

引用文献1の第3頁右下欄第2～5行目には、「本願発明は、…特に、子供用の玩具に変形可能で、その際には、寝袋の本体が玩具の詰め物となる様に構成された子供用の寝袋に関するものである」と記載されている。

引用文献1に記載されたものにおける「寝袋」は、本願請求項1及び2に係る考案における「寝具」に相当する。また、引用文献1の図1には、玩具として犬の形状のものが示されており、引用文献1に記載されたものにおける「玩具」は、本願請求項1及び2に係る考案の「ぬいぐるみ」に相当する。

したがって、引用文献1には、「寝具とぬいぐるみを一体化したもの」及び「寝具とぬいぐるみを一体化したものにおいて、寝具をぬいぐるみの中に収容できるように構成したもの」が記載されている。

・請求項　　　　　　　3
・評価　　　　　　　　2
・引用文献等　　　　　1及び2
・評価についての説明

引用文献1に記載された考案の認定については、請求項1及び2の評価についての説明のとおり。

引用文献２の第１２図には、寝具等を収納する袋において開口部をファスナーで開閉するものが記載されている。引用文献１に記載されたものにおけるボタンと、引用文献２に記載されたものにおけるファスナーとは、同様の機能を有するものである。したがって、引用文献１に記載されたものにおいて、そのボタンをファスナーに置換することは当業者がきわめて容易に想到し得たことである。

・請求項　　　　　　４
・評価　　　　　　　６
・引用文献等　　　　１、２及び３（一般的技術水準を示す参考文献）

引用文献等一覧

1．特開昭５９－５４３２１号公報
2．○○○○編「生活百科（収納編）」（平成３年５月６日発行）○○社
3．特開昭５９－２３４５６号公報

評価に係る番号の意味

1．この請求項に係る考案は、引用文献の記載からみて、新規性がない。
2．この請求項に係る考案は、引用文献の記載からみて、進歩性がない。
3．この請求項に係る考案は、その出願の日前の出願であって、その出願後に登録公報の発行又は出願公開がされた出願の願書に最初に添付した明細書等に記載された考案又は発明と同一である。
4．この請求項に係る考案は、その出願の日前の出願に係る考案又は発明と同一である。
5．この請求項に係る考案は、同日に出願された出願に係る考案又は発明と同一である。
6．特に関連する先行技術文献を発見できない。

24 実用新案登録に基づく特許出願制度について知っておこう

登録された実用新案を特許出願に変えることができる

◉ 実用新案登録に基づく特許出願と出願が認められない場合

実用新案の場合は出願から登録までの期間が短いために、実用新案登録出願を特許出願へ出願変更することが実際上は時間的に難しいという問題があります。そのため、実用新案権として登録された後でも、原則として出願日から３年以内であれば、状況の変化を見極めた上で、その実用新案登録に基づいて特許出願をすることができる制度が設けられています。

実用新案登録に基づく特許出願ができる時期については、いくつか制限があります。次の４つの場合は、実用新案登録に基づく特許出願ができませんので、注意しましょう。

① 実用新案登録出願の日から３年経過している場合

② 権利者が実用新案技術評価請求をしている場合

③ 「権利者以外の者が実用新案技術評価請求をした」との最初の通知を特許庁から受けた日から30日経過している場合

④ 「権利者以外の者が実用新案登録無効審判を請求した」との通知を特許庁から受けた場合で、その最初の答弁書提出期間を経過している場合

◉ 出願後３年目が近づいた時期が１つの判断時期

実用新案登録出願から３年を過ぎると、もはや実用新案登録に基づく特許出願をすることができなくなってしまいます。そこで、出願から３年目が近づいた時期が最後の判断の時期となります。その時期であれば、それまでの市場変化や製品の販売状況などを見て、製品のラ

イフサイクルについてある程度の予想は立てられるのではないでしょうか。ただし、その間に前述の②③④が発生した場合は、もはや特許出願をすることはできませんので、注意しましょう。

なお、この特許出願をする場合は、実用新案権を放棄しなければなりません。基礎となった実用新案権を特許出願と同時に放棄する必要がありますので、特許出願から特許権の設定登録がなされるまでの間は、実用新案権も特許権も存在しない期間ができることになります。

◉ 実用新案登録無効審判請求を受けた場合

実用新案登録無効審判とは、似たような製品を製造・販売などをしている利害関係人が、実用新案権者を相手方としてその実用新案登録を無効にすることを請求する審判のことです。

仮に、この請求が認められて無効にすべき旨の審決が確定したときは、実用新案登録は無効となり、初めから存在しなかったものとみなされます。この請求があった場合は、特許庁から権利者に審判請求書の内容が記載された副本が送られてきます。この審判請求書に反論するために権利者が特許庁に提出する書面を答弁書といい、この答弁書を提出するための期間が特許庁から指定されてきます。したがって、実用新案登録に基づいて特許出願をしたい場合は、最初に指定された答弁書提出期間内に特許出願をしなければなりません。

■ 実用新案登録後の特許出願

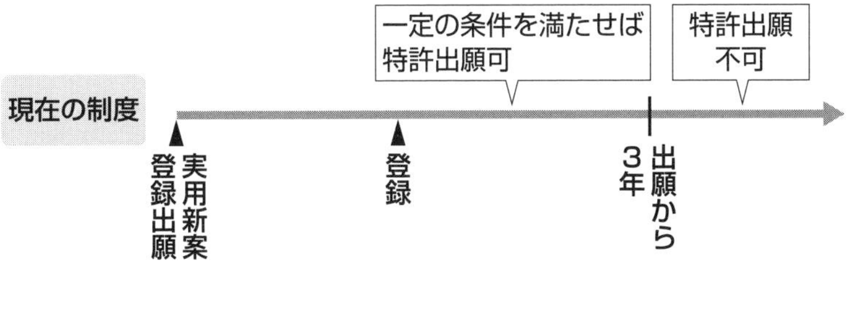

Column

知的財産権についての訴訟と手続き

特許権があるのに無断で技術を使用された場合、特許権者である個人や企業は金銭賠償や使用差止めなどを求めて民事訴訟を提起することになります。こうした知的財産権に関する訴訟のことを、知的財産権訴訟といいます。

知的財産権訴訟の第一審は、各地方裁判所で行われるのが原則です。しかし、特許権・実用新案権・半導体集積回路の回路配置利用権及びプログラムの著作物についての著作者の権利に関する訴え（特許権等に関する訴え）については、管轄の特例が定められています。具体的には、東日本（東京、名古屋、仙台、札幌高等裁判所の管轄区域内）の地方裁判所に管轄権がある場合には東京地方裁判所が、西日本（大阪、広島、福岡、高松高等裁判所の管轄区域内）の地方裁判所に管轄権がある場合には大阪地方裁判所が、第一審の裁判所になります（専属管轄）。これは、専門的な処理体制が整った裁判所（東京地方裁判所と大阪地方裁判所）に訴えを集中させることにより、審理の質を充実させ、かつ、審理にかかる時間を短縮させることを目的としています。また、特許権等に関する訴えの控訴事件については、東京高等裁判所に設けられている知的財産高等裁判所で取り扱われます。

さらに、特許出願をしたものの審査で拒絶されたケースや、逆に要件を満たしていないのに特許が認められたケースについて、それらの処分に対する不服申立てを行う場合については、「審判→知的財産高等裁判所→最高裁判所」という段階で取り扱われることになっています。これは、特許は通常の法律的な紛争とは異なり、高度に技術的・専門的な問題が絡んでいるため、第一審を特許庁での専門家の判断に委ねた方が、迅速かつ適正な解決が図られると考えられたためです。

第2章

商標権のしくみと出願手続き

1 商標登録はブランドを守る

商品を販売する前から商標登録を受けておくことが大切

◉ 商標とは

数ある商品の中から１つの商品を選ぶときに、性能や価格などの他、どこの会社が作った何という名称の商品であるかが１つの決め手となることがあります。商品のイメージを作り、またすでに作られている商品のイメージを守る役割を果たしているものをブランドといいます。商標は、ブランドを守るための大切なものだといえます。商標をすでに使っている、またはこれから使おうとしている個人や法人は、その商標の登録を特許庁に出願し、登録を受けることができます。出願した商標が登録されるには一定の審査や手続きが必要です。

出願した商標が登録されると、商標権が発生し、出願した個人や法人は商標権者となります。商標権者は、商標権が侵害されたときに、侵害者に対して侵害行為をやめるように要求することができます。また、侵害行為によって損害が発生した場合には、侵害者に対して損害賠償を請求することができます。なお、商標権を侵害した者には刑事罰が科されることもあります。

商標には、以下のような機能があります。

①　識別機能

ある商品やサービスと、他の商品やサービスとを、識別することができるという機能です。商標の本質的な機能だといえます。

②　出所表示機能

同じ企業が提供している同種の商品やサービスには、同じか類似した商標がつけられていることがよくあります。また、そうでない場合でも、消費者に、その商品やサービスを提供している企業を連想させる効果をもっています。

③　**品質保証機能**

一定の商品の品質やサービスの質を保証する機能です。消費者としては、この商標が付された商品等であれば、一定程度の品質は見込めるので安心だと思うわけです。

④　**広告宣伝機能**

商標それ自体が持つ、商品やサービスを広告する機能のことです。

◉ 商品商標と役務商標

このような機能をもつ商標ですが、具体的にどのような対象につけられるかによって大きく以下のように2つに分類されています。

①　**商品商標**

商品につけられている商標を商品商標といいます。ここで「商品」とは、取引の対象として、ある程度量産されて流通する動産と考えてください。この概念は、商標法に規定されているものではありませんが、おおよその目安とされています。

②　**役務商標（サービスマーク）**

「役務」はいわゆるサービスであり、運輸・通信・娯楽などさまざまなものが対象になります。商品との決定的な違いは、姿かたちがないことです。それだけに役務商標の役割は重要です。

■ 商標のもつ機能・構成・効力

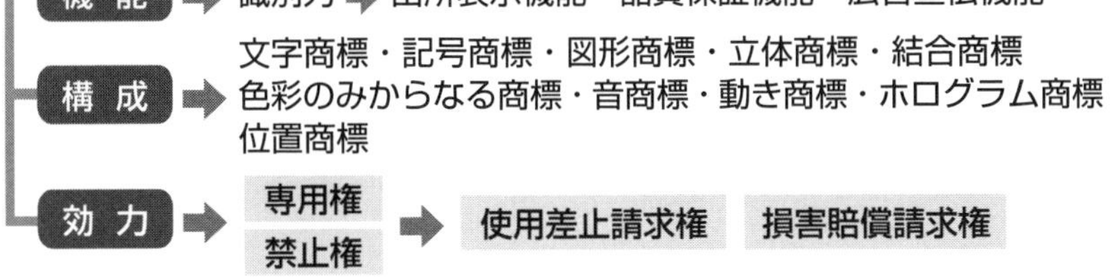

2 商標にはどんな形式があるのか

色彩や音も商標となる場合がある

◉ 商標の形式について

企業や個人が、商品を販売したり、サービスを提供する際、自分の商品やサービスを他人の商品やサービスと区別する必要があります。この区別のために使用するマークが商標です。しかし、どんな形式のマークでも商標として認められるわけではありません。商標として認められるためには、まず、一定の形式を備えたマークであることが必要です。このような商標の形式として、従来、以下の種類が認められていました。

① **文字商標**

文字だけで作られている商標。なお、デザイン化された文字を使用した商標はロゴ商標といいます。

② **図形商標**

絵や図形から作られている商標。

③ **記号商標**

のれん記号や文字などを図案化し組み合わせた記号や記号的紋章などの商標。

④ **立体商標**

立体的な形状をした商標。実在している人や架空の人物、動物などを人形のような立体的な形状にした商標。

⑤ **結合商標**

文字と図形の組み合わせや、文字と記号の組み合わせなど、前述の①～④のうち複数の形式を組み合わせた商標。

◉ 平成26年法改正により追加された商標

前述の５つの形式に加えて、平成26年の法改正により、新たに次の５つの形式も商標として認められています。

⑥　**色彩のみからなる商標**

図形などと結合したものではなく、色彩のみからなる商標。

⑦　**音商標**

音楽や人の声、自然の音など、音によって構成され、聴覚で認識される商標。

⑧　**動き商標**

ディスプレイ等の画面上で、時間の経過に伴う図形などの一連の動きによって構成される商標。

⑨　**ホログラム商標**

見る角度によって図形が違って見える、または立体的に見えるなどのホログラムを用いた商標。

⑩　**位置商標**

図形などが付けられる位置によって構成される商標。

■ 商標の形式

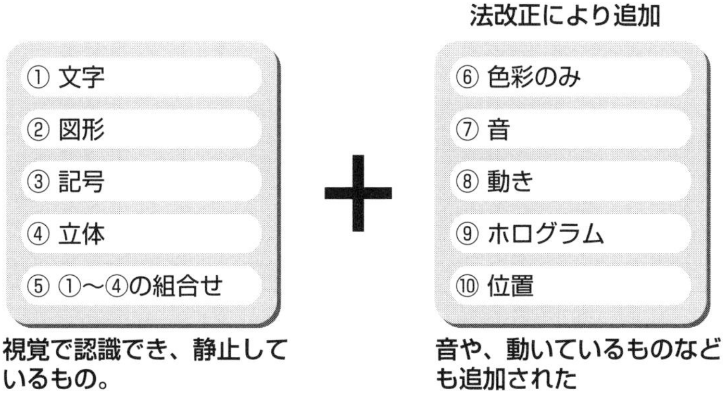

3 商標権を取得する

出願し、審査をクリアして登録を受けることが必要

◉ 出願して登録を受ける

商標権を得るためには、具体的にどのようにすればよいのでしょうか。商標権は、自分の商品・役務と他人のそれを区別するために、特定のマークを独占的に使用でき、第三者の無断使用も排除できるという権利です。商標権を得るには、特許庁に商標登録出願して登録を受ける必要があります。

◉ 商品・役務との関係

商標は自分の提供する商品・役務（サービス）と他の商品・役務を識別するためのものです。そのため、商標は特定の商品・役務と関連して権利として認められます。出願にあたっても、願書に、特定の商品または役務を指定して、商標とセットで記載することになっています。登録が認められた場合、その権利範囲は指定した商品・役務と同一範囲だけでなく類似範囲まで及びます。

◉ 一商標一出願の原則

１つの願書で出願できる商標は１つだけです。この原則を一商標一出願の原則といいます。もっとも、たとえば、「Ｘ」という商標について登録をする場合に、特定の商品「Ａ」（清涼飲料水）や「Ｂ」（お菓子）、「Ｃ」（Ｔシャツ）というように１つの出願の中で複数の商品・役務を一緒に指定することはできます。そして、政令で定める区分ごとに商品·役務が区分けされていれば、一出願で多区分にわたる商品·役務を指定することもできます（一出願多区分制）。

◉ 登録要件

商標は、出願すれば自動的に商標登録が受けられるというものではありません。審査制度があり、登録のための要件を満たしているかを、専門の審査官が審査した上で決定します。

おもな要件は以下のとおりです。

① 自己の業務に係る商品または役務について使用する商標であること

出願人またはその支配下にある者の業務に関するもので、現在使用しているか、将来使用する予定のある商標でなければなりません。

② 自他商品または役務の識別力を有する商標であること

商標には3つの機能があります。それは、誰が商品・役務の提供者かを示す出所表示機能、商品や役務がある程度信用できる水準であることを示す品質保証機能、そして広告宣伝機能です。これらの機能を発揮するためには、他人の商品・役務と区別することができる力（識別力）がなければなりません。

③ 不登録事由がないこと

公的機関のマークや国旗などは登録できません。また、公序良俗に反するものも商標登録は受けられません。

■ 一商標一出願の原則のイメージ ………………………………

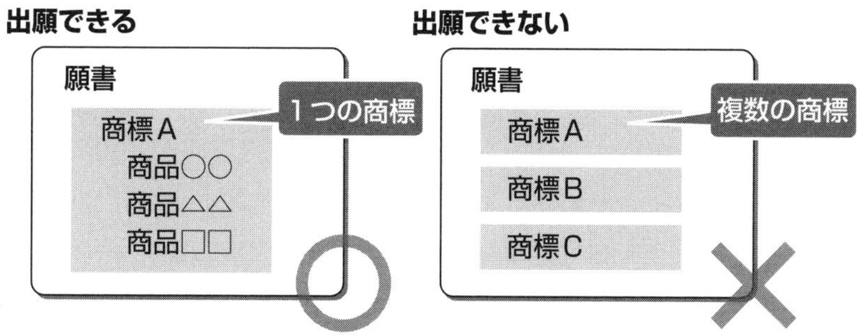

1つの商標で、複数の役務や商品を指定することは可能である。

4 使用する商標を登録するには

使用していないと登録が取り消されてしまう

◉ 商標を登録するタイミング

自分で思いついて使っている商標も登録をしなければ権利とはなりません。登録しなければ商標権を得ることはできないため、商標を思いついたときには、なるべく早い段階で、特許庁に商標登録出願をする必要があります。

商標は、出願をする段階で使用していてもいなくても問題ないのですが、実際には使用する前に出願を済ませている場合が多いです。というのは、商品の開発が終わり、販売する段階になってから出願をすると、仮に商標が登録されなかった場合にはパッケージやパンフレットの作り直しをするなど、さまざまな不都合が生じるからです。

ただ、登録したままいつまでも登録商標を使用しないと、同じ商標を使いたいと考えている他の企業から登録の取消審判（不使用などの取消理由のある商標登録について、特許庁にその商標登録の取消を求めることができる審判）を請求されてしまうおそれもあります。

不使用取消審判を請求されると、実際に登録商標を使っていることを証明しなければならなくなります。もし、使っていない場合や使っていることを証明できない場合には、せっかく受けた登録が取り消されてしまうこともあります。こうした事態に備え、商標を登録しようとする場合には、実際に使う予定のある名称のもので実際に使いそうな商品・役務（サービス）を選んで出願する必要があります。

なお、取得したいと思っている商標を、すでに第三者が商標登録を受けている場合もあります。そのときは、あきらめる前に、その商標が現在使われているか確認してみるとよいでしょう。

◉ 商標権について

商標を登録するには費用がかかりますから、使う期間が短いような場合は、登録しないという選択もあり得ます。

ただ、比較的長い期間、商標を使って商品の販売を続ける場合に商標を登録していないと、自分より先に誰かが登録してしまうかもしれない、という不安を持ちながら使わなければなりません。実際に、誰かが自分より先に登録してしまい、自分が今まで使ってきた商標の使用をやめるように要求される可能性もあります。そうなると、商品のカタログや自社のホームページの変更などの対応が必要となり、自社のビジネスが大きな影響を受けるといった事態になることも考えられます。このようなことにならないためには、よい商標を考えついたときには、早い段階で登録するようにした方がよいでしょう。

特許庁に商標と使用する商品・役務を指定して出願し、商標が登録されると、商標権を取得することになります。

◉ 防護標章とは

防護標章制度とは、ある商標があまりに有名になっていて、その商

■ 商標登録のタイミングと方法 ……………………………………

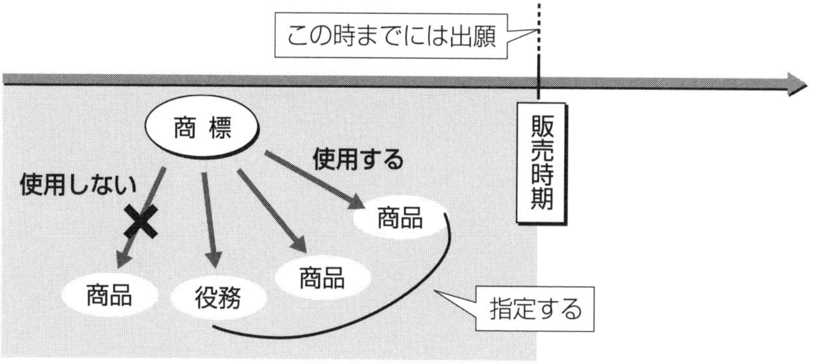

標が登録されている商品・役務と類似していない商品・役務であっても他者が登録してしまうと消費者や業者が混乱してしまう可能性がある場合に、商標権者が使用しない商品やサービスであっても登録している商標と同じ標章の防護標章登録を受け、他人の使用を差し止めることができる制度です。

なお、防護標章登録の効力は商品・役務の同一範囲に限られ、通常の商標登録のように類似範囲までには及びません。

防護標章登録出願を行うことができるのは、商標権者だけです。また、出願の際、すでに著名な登録商標が存在している必要があります。防護標章として登録を認められると、特許庁に著名商標として認められたことになります。著名商標として登録を受けると、混乱を回避する効果だけでなく、その商標が著名であることを一般に印象付けるというメリットもあります。

■ 防護標章登録の必要性

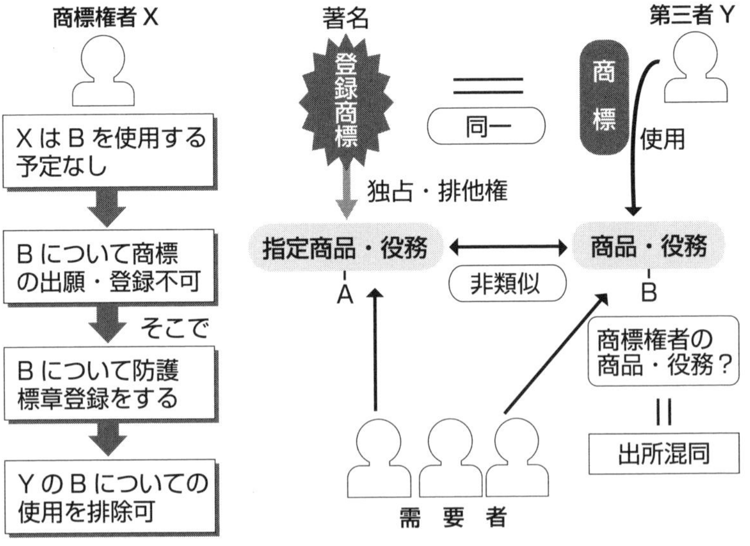

5 商品と役務について知っておこう

役務は商品と違って形のないサービスである

◉ 商品について

商標の対象となる商品は、私たちが通常使う商品とは少し意味合いが違います。商標の対象となる商品には、①有体物であること、②動産であること、③商品が流通するものであること、④量産できるものであること、⑤独立して取引の対象とすることができる商品であること、が必要とされます。ここでは①～⑤にあたらないものを説明します。

①「有体物」にあたらないもの

電気、光、熱などといった形のないもの（無体物）が挙げられます。ただし、近年商品の概念が変わりつつあり、ダウンロード可能なプログラムや電子出版物は商品に含まれるとされています。

②「動産」にあたらないもの

不動産が挙げられます。不動産とは土地や建物のことです。

③「流通する商品」にあたらないもの

たとえば料亭で出される料理が挙げられます。料理は、その場で食べてしまって流通しないので、商標の対象としての商品にあたりません。ただし、折詰弁当などは商品にあたります。

④「量産されるもの」にあたらないもの

人間国宝が作った１点ものの陶器などが挙げられます。ただ、著名な作家が作った彫刻や絵画などをコピーしたものは量産できるので商品ということができ、商標の対象になります。

⑤「独立して取引の対象とすることができる商品」にあたらないもの

商品を販売する際におまけとしてつけるものや、広告や宣伝のために無料で配布するようなものなどが挙げられます。

たとえばティッシュペーパーや鉛筆などが、宣伝グッズとして配られている場合や、お店の棚に商品のおまけとして陳列されていたような場合、このティッシュペーパーや鉛筆は商品にはあたりません。

◉ サービスについて

役務商標として登録する対象となるサービスは、商品のように形のあるものではありません。役務商標の役務（サービス）の場合には、一般的にサービス業と呼ばれる業界で提供されるサービスが登録の対象になります。登録商標の対象となるサービスは、自分のためではなく他人のために行うサービスであって、商品と同様に独立して商取引の目的となるものでなければなりません。また、商品の小売業や卸売業の役務（サービス）についても役務商標として登録することが認められています。

なお、取引といっても、必ずしも営利目的のものである必要はありません。地方公共団体、学校、病院、NPO法人といった公共的な法人が行うサービスも商標の対象になります。

■ 商品と役務の要件

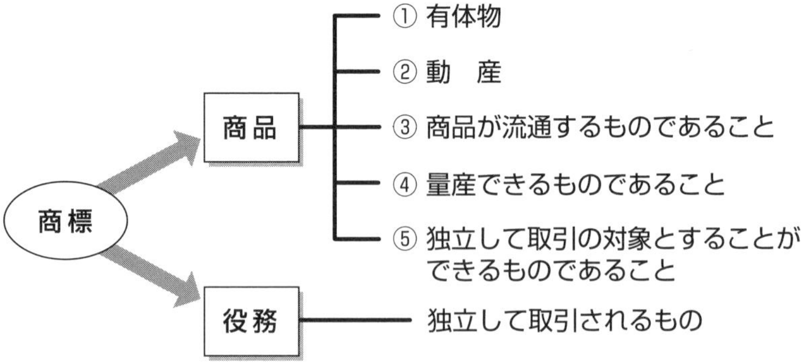

6 商品及び役務の区分について知っておこう

第１類から第45類までの区分がある

◉ 区分は世界共通である

商標を登録するために特許庁に出願するときには、どの区分を選んで出願するかを決める必要があります。**区分**はクラスとも呼ばれるもので、商標の対象となる商品とサービスを45に分類したものです（139ページ）。区分のうち、第１類から第34類までは商品について分類しています。そして、第35類から第45類までの区分がサービス（役務）についてのものです。商品やサービスを提供するときに、商標として登録する必要性があるのは、日本国内だけに限りません。最近では、海外で商品を販売したりサービスを提供することも考えられます。反対に、海外の企業が日本で商品を販売し、サービスの提供をすることもあります。大きな企業では、商品やサービスの提供を同時に多数の国で始めることもあります。この場合、各国の商標の区分が国によって違っていては、いちいちその国の区分を調べて出願しなければならず、大変です。

商取引が国境を越えて行われるようになるにつれ、取引対象である商品やサービスの商標を登録する場合にも、世界各国で同じ分類をして、同じ区分を使用する必要性が生じてきました。

こうした必要性から生まれた区分が、**国際分類**という世界共通の分類です。現在では、多くの国がこの国際分類に従っています。日本でも、現在は、45に分類するニース協定の国際分類に対応しています。

◉ 区分の指定について

区分は１つしか選べないわけではありません。同じ商標について複数の区分を選んで出願することもできます。ですから、使う予定のある商品・役務の分類が複数にまたがっているときには、今すぐ使うつもりがなかったとしてもあてはまる区分をいくつか選んでおいた方がよいでしょう。

商標登録を出願するときに複数の区分を選択する具体的な例として、次のようなものがあります。

ソフトウェア開発会社が、ある商標を新しく開発したソフトに使用する場合で説明します。この会社は、ソフトをパッケージソフトとして売り出すだけでなく、自社のサーバにインストールしてインターネット上でASPサービス（ネットワークに接続されたコンピュータ間で情報の交換、共有及びスケジュール管理等、業務の効率化を実現する機能の提供サービスのこと）も開始し、さらにこの商標を使用した雑誌も同時に発行したとします。この場合は、第９類・第42類・第16類の３つの区分を指定します。

まず、DVDなどの媒体で販売する場合だけでなく、インターネットを介してダウンロード販売する場合も、コンピュータプログラムに該当することから第９類を指定します。次に、アプリケーションサービスプロバイダーによるソフトウェアの提供をしているので、第42類を指定します。さらに、この商標を使用した雑誌も販売していることから、第16類の印刷物も指定します。

◉ 将来使う予定がある区分も出願する

商標は、特定の商品や役務と結びついてこそ経済的価値が認められます。そのため、出願の際には、どの商品または役務に関する商標なのかを指定しなければなりません。

この際に注意しなければならないのは後々を見据えた選択をする必要があるという点です。

同じ商標について複数の区分を選んで出願することもできるため、

将来使う予定のある商品・役務の区分が複数にまたがっているときには、今すぐ使うつもりがなかったとしてもあてはまる区分をいくつか指定して出願します。

もし、使う予定がある商品・役務を、今すぐ使用しないからといって出願時点で選ばなかった場合、いざ将来使いたくなったときに、登録商標としての保護を受けることができません。その商品・役務を登録していなかったために他社が先に登録してしまって使いたいときに使うことができなかった、ということが起こるかもしれないのです。こうしたことが起こらないように、出願をするにあたっては、将来のことを見据えて、現在は使用していなくても、商標を使用する予定のある商品・役務を適切に選んで出願するとよいでしょう。

◉ 出願料の基準となる区分

出願に際しては、区分数に応じた出願料の納付が要求されます。同じ区分内であれば、商品・役務をいくつ指定しても出願料には影響しません。

たとえば、出願人Xが登録出願しようとする商標「Y」が、第△類と第□類の区分にまたがる商品・役務に使用される予定であれば、2

■ 区分の指定の仕方

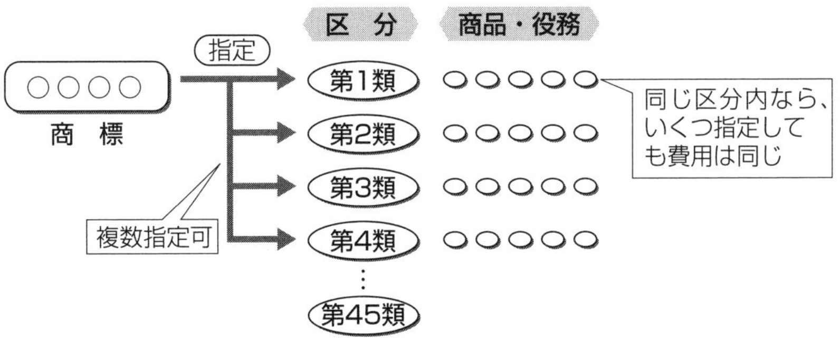

区分相当の出願料が必要になります。この場合、Ｘは、第△類に属する商品Ａ・Ｂと第□類に属する役務Ｃ・Ｄ・Ｅについて指定をしても、商品Ａと役務Ｃ・Ｅだけを指定しても、区分数は同じなので出願料は変わりません。

◉ 区分に関する注意点と類似群コード

変化の激しい取引社会では、商品や役務も日々変化するのが通常です。これまでなかった新商品や新サービスが、日々現れていることは事実です。このような状況に対応するため、区分の改訂も頻繁に行われています。商品・役務が該当する区分が改訂によって変更されていることもあります。出願前には必ず、最新の区分を調べておきましょう。次に、類似した商標の登録がないかどうかを調べる商標調査の際には、類似の商品・役務についてすべて調査しておく必要がありますが、別区分に類似の商品・役務が存在することもあるので注意しましょう。

類似群コードとは、特許庁の審査で互いに類似すると推定される商品・役務のグループごとに付されたコードです。商品・役務の類否判断には、このコードを使うと便利です。別区分の商品・サービスでも類似の商品・サービスであれば、同じ類似群コードが付されています。具体的な商品・役務に該当する類似群コードは、特許情報プラットフォームで参照できます。

■ 商品・役務の分類 ……………………………………………

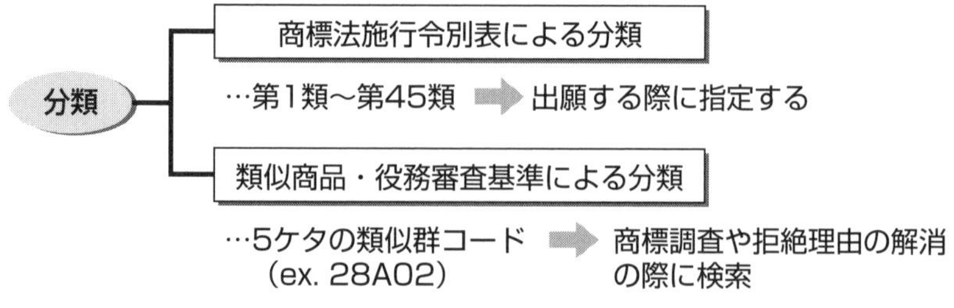

資料　商品・役務区分表

第１類	工業用、科学用または農業用の化学品
第２類	塗料、着色料及び腐食の防止用の調製品
第３類	洗浄剤及び化粧品
第４類	工業用油、工業用油脂、燃料及び光剤
第５類	薬剤
第６類	卑金属及びその製品
第７類	加工機械、原動機（陸上の乗物用のものを除く）その他の機械
第８類	手動工具
第９類	科学用、航海用、測量用、写真用、音響用、映像用、計量用、信号用、検査用、救命用、教育用、計算用または情報処理用の機械器具、光学式の機械器具及び電気の伝導用、電気回路の開閉用、変圧用、蓄電用、電圧調整用または電気制御用の機械器具
第10類	医療用機械器具及び医療用品
第11類	照明用、加熱用、蒸気発生用、調理用、冷却用、乾燥用、換気用、給水用または衛生用の装置
第12類	乗物その他移動用の装置
第13類	火器及び火工品
第14類	貴金属、貴金属製品であって他の類に属しないもの、宝飾品及び時計
第15類	楽器
第16類	紙、紙製品及び事務用品
第17類	電気絶縁用、断熱用または防音用の材料及び材料用のプラスチック
第18類	革及びその模造品、旅行用品並びに馬具
第19類	金属製でない建築材料
第20類	家具及びプラスチック製品であって他の類に属しないもの
第21類	家庭用または台所用の手動式の器具、化粧用具、ガラス製品及び磁器製品
第22類	ロープ製品、帆布製品、詰物用の材料及び織物用の原料繊維

第23類	織物用の糸
第24類	織物及び家庭用の織物製カバー
第25類	被服及び履物
第26類	裁縫用品
第27類	床敷物及び織物製でない壁掛け
第28類	がん具、遊戯用具及び運動用具
第29類	動物性の食品及び加工した野菜その他の食用園芸作物
第30類	加工した植物性の食品（他の類に属するものを除く）及び調味料
第31類	加工していない陸産物、生きている動植物及び飼料
第32類	アルコールを含有しない飲料及びビール
第33類	ビールを除くアルコール飲料
第34類	たばこ、喫煙用具及びマッチ
第35類	広告、事業の管理または運営、事務処理及び小売又は卸売の業務において行われる顧客に対する便益の提供
第36類	金融、保険及び不動産の取引
第37類	建設、設置工事及び修理
第38類	電気通信
第39類	輸送、こん包及び保管並びに旅行の手配
第40類	物品の加工その他の処理
第41類	教育、訓練、娯楽、スポーツ及び文化活動
第42類	科学技術または産業に関する調査研究及び設計並びに電子計算機またはソフトウェアの設計及び開発
第43類	飲食物の提供及び宿泊施設の提供
第44類	医療、動物の治療、人または動物に関する衛生及び美容並びに農業、園芸または林業に係る役務
第45類	冠婚葬祭に係る役務その他の個人の需要に応じて提供する役務（他の類に属するものを除く）、警備及び法律事務

7 類似性の判断について知っておこう

商標の類似性と商品・役務の類似性を判断する

◉ 商標と商品・役務

商標は、出願人が指定した商品・役務とセットで登録され、商標権が認められます。出願を予定している者としては、類似の商標がすでに登録されていることを理由に拒絶されることもあるので、どのような基準によって類似性の判断が行われているのかを知っておくことが大切です。類似性の判断では、商標の類似性と商品・役務の類似性の双方を検討することになります。

たとえば、「ヘロヘロォ」という名称の乗用車があり、「ヘロヘロン」という名称の薬品があったとします。両者の文字の構成はかなり類似していますが、商品は全く異なっているので、商品の類似性はないと判断されます。しかし、「ヘロヘロオ」という名称のトラクターの場合には商品の類似性はあると判断されます。

◉ 類似性の判断基準

前述したように、商標の類似性と商品・役務の類似性という２つの観点からの判断が必要になります。このうち、商品・役務の類似性は、商品・役務の生産者や販売者、需要者、商品・役務の用途などを考慮して判断します。一方、商標の類似性は、次の３つの要素を総合的に検討することになっています。つまり、**「称呼」「外観」「観念」**の３つです。特許庁では、この３つの要素のうち１つでも類似していると、原則として、類似商標と判断されます。もっとも、他の２つの要素がかなり異なっているために総合的にみて誤認混同をするおそれがない場合には、類似性なしと判断されるケースもあります。

・「称呼」の類似

称呼は、人の聴覚に訴える要素で、発音したときに、それを聞いた人が聞き間違いをするおそれがあれば、類似性があると判断されます。

基準となるのは、指定された商品・役務の消費者が、通常有する注意を払ったとしても、聞き間違いによる誤認・混同を起こしてしまうかどうかです。対象となる消費者が子供や高齢者であれば、この類似性は認められやすくなるでしょう。

・「外観」の類似

外観は、人の視覚に訴える要素であり、それを見たときに、見間違えるおそれがあれば、類似性が肯定されます。商標は、文字・図形・記号などから構成されているので、この外観は重要な判断要素です。外観の判断では、全体観察が原則となります。全体観察とは、商標を全体として観察し、似ていると感じられるかどうかで判断する方法です。ただ、商標の一部が印象的なケースもあります。そのようなケースでは、その一部を抽出比較することもあります。この方法を要部観察と呼び、適切な全体観察のための手段とされます。

・「観念」の類似

観念というと難しいですが、要するに、意味が似ていることです。意味的に誤認・混同しやすい場合、類似性を認めるのです。たとえば、「りんご」と「アップル」は、称呼と外観は異なりますが、どちらも意味しているところは同じなので、類似性が認められます。

■ 類否判断の方法

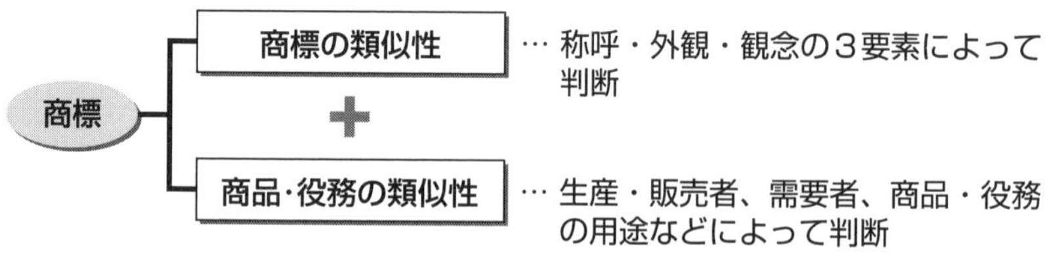

8 称呼に関する商標調査について知っておこう

さまざまな要素を総合的に考えて判断する

◉ 類否判断の方法

商標を登録しようとする場合、すでに類似した商標が登録されているかを調査することが必要です。その際、問題となる２つの商標間に類似性があるかどうかを、的確に判断しなければなりません。これを類否判断と呼んでいますが、この判断にあたっては、「称呼」「外観」「観念」の３つの要素を総合して検討することになります。

特に称呼に関する類似性の判断基準は複雑であるため注意が必要です。称呼とは、検討の対象となっている商標に接した時に、どのように発音するか、どのように聞かれるのか、という商標の呼び方のことです。そのため、称呼の類似性の判断では、発音だけではなく、読み方についても広く含めた、さまざまな要素を総合的に考慮することになります。

称呼の類似性の判断は総合判断ということになりますが、判断の過程では、次ページの各要素の検討が行われます。

■ 商標の類似性の判断

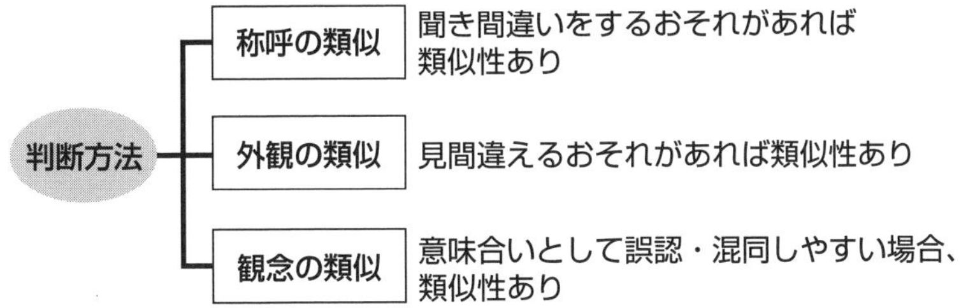

① **音質**

母音と子音の組合せにより、どのような音が発せられるのかを検討します。

② **音量**

音がどれだけの長短を有しているのかを検討します。

③ **音調**

音の強弱及びアクセントの位置を検討します。

④ **音節**

音の区切り（音節数）を検討します。

◉ 具体例を検討してみる

まず、「インド」と「印度」「INDO」は音が同じなので、明らかに類似性は認められます。もし、「INDO」の出願人が「アイ・エヌ・ドゥー」と読む意図で出願したとしても、「インド」とも発音できるので、類似性はあります。その他、類似性ありと判断された例としては、「SPIRITS」（スピリッツ）と「SPIRIT」（スピリット）、「ICOM」（アイコム）と「ICON」（アイコン）などがあります。

一方、称呼が非類似と判断された例としては、「GROOVE」（グルーブ）と「GROVE」（グローブ）、「DAKARA」（ダカラ）と「TAKARA」（タカラ）などがあります。

◉ 称呼検索

称呼の類似性の判断は、素人では難しく、検索も大変です。そこで、特許情報プラットフォーム（J-PlatPat）では、「称呼（類似検索）」のメニューを用意して称呼について簡単に検索ができるようになっています。称呼検索のメニューでは、指定した称呼と類似する可能性のある商標を一覧として見ることができます。ただし、この検索結果は、必ずしも厳密なものではないため注意が必要です。

9 図形に関する商標調査について知っておこう

登録できない場合もある

◉ 登録できない図形

商標において、図形は重要な構成要素として多用されています。ただ中には登録できない図形もあるので、商標の登録出願に先立って図形商標（図形を含む商標）が登録できるものかどうかを調査しておく必要があります。登録できない図形には、①図形そのものが登録できない場合と、②すでに類似の図形が出願されている場合があります。

◉ 図形そのものが登録できない場合

次の場合には、図形そのものが登録できないので注意してください。

①　国旗など

各国の国旗、菊花紋章、勲章、赤十字のマーク、オリンピックのマーク、公的機関のマークなどについては、原則として登録することができません。

②　単純な図形

１本の直線、△、□、○、◇などの単純な図形については、原則として登録することができません。

③　公序良俗に反する図形

図形の態様が公序良俗（社会で一般的に通用している秩序や道徳のこと）に反する場合も、登録はできません。

◉ 図形に関する商標調査

類似の図形を含んだ商標が、すでに登録出願されている場合にも、登録をすることはできません。商標を企画し、出願しようとしている際は、それに先立って、類似の図形を含んだ商標が登録されているかどうかを調査しなければなりません。調査は、特許庁のホームページからアクセスできる特許情報プラットフォーム（232ページ）の「商標検索」メニューの中の「図形等分類」の検索項目を利用して検索をすると、効率よくできます。

◉ 図形商標の類否判断の方法

類似の図形商標かどうかを判断することを「類否判断」といいます。類否判断では、以下の３つの要素を検討することになります。

① **称呼**

文字を含んだ図形では、前に説明した方法で称呼の類似性を検討します。

② **外観**

商標を全体的に観察して、視覚的に誤認・混同するおそれがあるかどうかを検討します。

③ **観念**

図形から受ける印象、抱く観念が似たものになるかどうかを検討します。

■ 商標登録できる図形と商標登録できない図形 ……………………

商標登録できる図形

・商標権者の商品や役務が識別できる図形であり、右の商標登録できない図形に該当しないもの。

他者との違いがわかるもの

商標登録できない図形

・国旗や公的機関のシンボルマークなど。
・○や□などの単純な図形。
・公序良俗に反する図形。
・称呼、外観、観念の３つの類似判断により似ているとされるもの。

他者との違いがわからないもの

10 区分を確定する

商標調査の結果に応じて判断する

◉ 類似商標がない場合

調査の結果、類似の登録商標がない場合、そのまま出願する商標を確定し、出願手続きの準備に入ります。具体的には、書式の準備と区分の確定を行います。**区分の確定**とは、商標出願の際に、その商標を使用する商品または役務（サービス）を指定することです。つまり、その商品または役務が分類されている区分を確定し、同時に、その区分の中のどの商品・役務を指定するのかについて選択するわけです。

◉ 類似商標がある場合

事前に調べておけば、同じあるいは類似の商標が登録されていても、対策を考えることができます。

調査の結果、自分が出願しようとしている商標と同じか似ている商標がすでに登録されている場合は、その後の行動について検討が必要です。とり得る行動パターンとしては、①商標を変更する、②そのまま出願してみる、③商標権者と交渉する、④商標権を消滅させる、などの方法が考えられます。

①　商標を変更する

まず、類似性を失う程度にまで、商標の構成を変更することが考えられます。全く新しい商標を創作するか、出願予定の商標に手を加えてみるということです。商標変更後でも、出願前に改めて類似商標の調査は行うようにしましょう。

②　そのまま出願する

類似性の判断は専門的な判断であり、素人だけの判断で結論を出すのは早計と考えることもできます。特許庁の審査官がどのような判断を下すのかわからないケースもあるので、判断が微妙なケースでは思い切って出願してみるのも１つの方法でしょう。

③　商標権者と交渉する

ほとんど同一か、どう見ても類似していると判断される登録商標がある場合で、どうしても、その商標について権利を取得する必要性があるのであれば、商標権者と交渉して、商標権を買い受けたり、ライセンス料を支払って使用の許諾を受ける方法も考えられます。

④　商標権を消滅させる

たとえ他人がすでに登録していても、３年間継続して使用していなければ、商標登録の不使用取消審判を請求することができます。また、他人の商標登録に何らかの無効事由がある場合には、無効審判を請求して、その商標登録を無効にすることもできます。こうして他人の商標登録の取消しや無効が確定した場合、出願して同じ商標登録を受けることができます。

■ 類似商標があった場合の対応

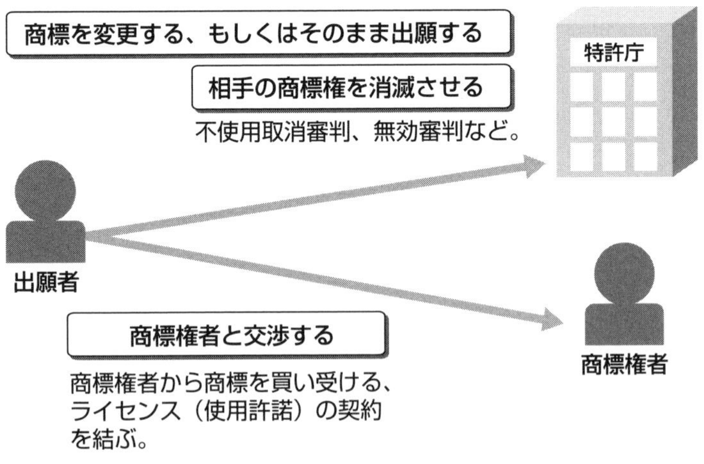

11 他人のマークとの抵触をどのように防止すればよいのか

事前調査をするのが効率的

◉ 事前調査について

すでに同じ商標や類似の商標が出願や登録されていると、後に出願した商標は登録されません。ですから、商標を出願するときには、あらかじめ出願する商標と同じ、あるいは類似している商標が現在出願や登録されていないかを調べた方が効率的です。

まず、**特許情報プラットフォーム**（J-PlatPat）の商標検索機能を利用する方法が考えられます。特許情報プラットフォームでは、すでに出願されている商標や登録されている商標についての情報を調べることができます。出願済みの商標、登録されている商標を調べるには、いくつかの方法があります。

たとえば、出願・登録されている商標の情報を調べる場合、文字列による検索ができます。文字列の検索の仕方も、前方一致検索（先頭部分が一致している文字列の検索）、中間一致検索（中間部分が一致している文字列の検索）、後方一致検索（後方部分が一致している文字列の検索）ができます。その他、称呼（類似検索）や図形等分類を検索項目とする商標検索もできます。

称呼（類似検索）による検索は、商標の読みをカタカナで入力し、その読みと同じか類似した読みの商標を検索できるものです。また、図形等分類による検索は、商標を構成する図形の要素ごとに検索することができるものです。図形の要素につけられた分類は、ウィーン図形分類リストというリストに従って分類されています。

◉ 公報の閲覧や専門家への依頼

次に、特許情報プラットフォームの利用以外には、関係施設に赴いて公報などを閲覧する方法があります。公報には、商標公報、国際商標公報、公開商標公報、公開国際商標公報などがあります。公報は、独立行政法人工業所有権情報・研修館の公衆閲覧室か、各都道府県の知的所有権センターで閲覧することができます。

この他、弁理士などの専門家に事前の調査を依頼する方法も考えられます。ただ、どのデータベースも調査している時点より前の時点での情報が公開されているだけです。たとえば、調査時点ではＡ及びＢの２つの商品を指定して出願されていた商標が、後で補正によってＢの商品について削除されていたということも考えられます。

以上のように、事前調査は完全ではありません。ただ、調査しておくと、何かあった場合にも対策が立てやすいでしょう。

■ 事前調査の方法

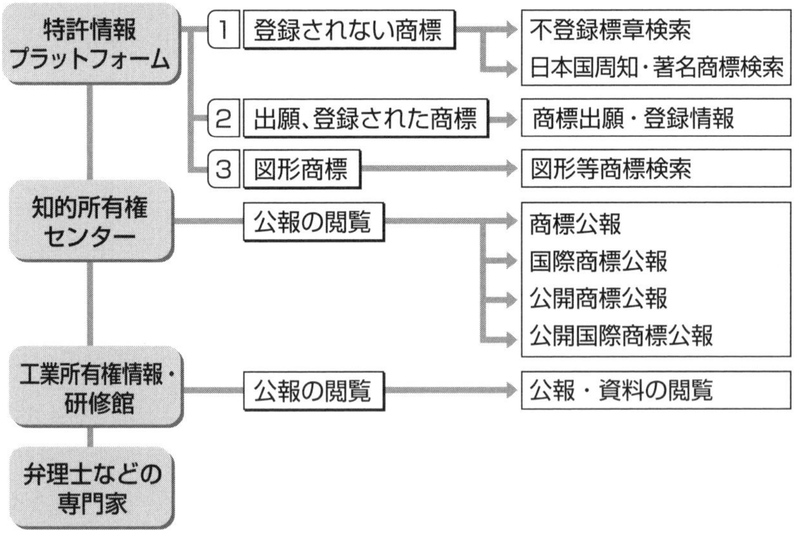

12 立体商標のしくみについて知っておこう

立体的形状で表された商標も登録できる

◉ 平面商標と立体商標

以前は、平面に文字・図形・記号、またはそれらの組合せによって示すもの（平面商標）だけが認められており、立体的な形状によって商品や役務を表す**立体商標**については登録が認められていませんでした。しかし、商品や役務の中には多種多様の立体的な形状で消費者にアピールすることが効果的な場合もあります。そして、実際に、立体的な形状について、これを平面図形にした形で商標登録の出願をする者が現れるようになりました。このような状況を受けて、平成８年に商標法の改正が行われ、現在では、立体的な形状でも商標として登録することが可能です。

ただし、その立体的形状が、商品または商品の包装の機能を確保するために不可欠な形状だけからなるものは、特定の者に独占させると市場での適切な競争を妨げるため、登録が認められません。また、日本国内や外国で著名な商標と同じか類似の商標であって、不正の目的をもって使用するものも登録が認められません。

◉ 立体商標の具体例

立体商標も商標である以上、指定された商品や役務と関連していなければなりません。具体的には、次のようなものがあります。

①　商品そのもの

商品は立体的であることがほとんどですが、商品それ自体の形状についても、商標登録が認められています。ただ、その種の商品であればどこにでもあるような形状であれば、自他商品の識別は困難なため、商標登録を認める意味はありません。ですから、その商品で用いられている通常の形状の範囲を超えているものでなければなりません。たとえば、本田技研工業株式会社の二輪自動車である「スーパーカブ」の形状が立体商標として登録されています。

② 商品の容器

商品それ自体ではなくても、商品を包んでいる容器が特殊な形状をしていれば、容器がその商品を想起させる機能を有します。食品に関してはとくにその傾向が強いといえます。そのため、容器についても立体商標は認められています。ただ、この場合でも、ありきたりの容器や包装ではなく、他と区別できる形状が要求されます。

知的財産高等裁判所は平成22年11月に、ヤクルトの容器の形状を立体商標として認める判決を下しています。

③ 人形や看板など

よく飲食店や薬局のチェーン店の店先に、大きな人形が置かれています。その人形は、その店舗で提供されている商品・役務を端的に表していることになります。このような人形・看板についても、商標権が与えられることがあります。好例としては、「ペコちゃん人形」や「カーネル・サンダース人形」などが立体商標として認められ、登録されています。

■ 立体商標の構成・出願・権利

構成 →	・立体的形状のみからなる商標 ・立体的形状に文字・図形・記号・色彩を結合させた商標であること
出願 →	立体商標であることを願書に記載し、必要な書面を添付する
登録後の権利 →	指定商品・指定役務について登録商標の使用をする権利を専有する

13 登録ができない商標もある

出願しても登録されない商標がある

◉ 他と区別しにくい商標

商標は、文字商標・図形商標・記号商標・立体商標などであれば、基本的には登録を受けることができます。ただ、そのような商標であったとしても、他と区別しにくいような商標やすでに登録されている商標と同じ名称のもの、似たような名称の商標、あらかじめ登録できないと定められている商標などを登録することはできません。商標は、他の企業の商品・サービスと自分の商品・サービスとの違いを消費者に明示する役割を持っています。ですから、登録しようとしている商標が他の企業の商品・サービスと区別しにくいものである場合には、商標として登録することができません。

では、他の企業の商品・サービスと区別しにくい商標とはどのようなものなのでしょうか。

・普通商標

まず、商品やサービスを表すのに普通に使われている名称（普通名称）を普通に使われる方法で表示する商標が挙げられます。たとえば、サニーレタスについて「サニーレタス」という商標、パーソナルコンピュータに「パソコン」という商標、塩について「波の花」という商標などは商標登録できません。

・慣用商標

次に、もともとは他と区別できる名称であったものが、同じ種類の商品やサービスについて、同業者間で普通に使われるようになったために、他と区別がつかなくなった名称も登録できません（慣用商標）。たとえば、清酒について「正宗」という商標、自動車の部品に「純正部品」という商標、婚礼の執行について「赤色及び白色の組み合わせの色彩」という色彩のみからなる商標、焼き芋について「石焼き芋の売り声」という音商標などは商標登録できません。

・記述的商標

また、商品やサービスにかかわる場所や品質、効能、用途、価格など、商品やサービスの説明と同じような商標も登録できません。たとえば、書籍について「小説集」という商標、放送番組の制作について「ニュース」という商標、映写フィルムの貸与について「サスペンス」という商標などは登録できません。

・ありふれた名称や氏名を表す商標

佐藤、YAMAMOTO、鈴木商会など、普通に使われる方法で、ありふれた名称や氏名を表す商標も登録できません。

・きわめて簡単かつありふれた商標

他に、単なる球や円柱などのありふれた立体形状だけからできている商標も登録できません。

◉ 登録できないとされている商標

日章旗や皇室の紋章などの国旗、菊花紋章、勲章、褒章、外国の国旗と同じか似ている商標は登録できません。

また、パリ条約の同盟国などの国の紋章などで経済産業大臣が指定するものと同じか似ている商標も登録できません。

国際連合など国際的な機関を表示するマークで経済産業大臣が指定しているものと同じか似ている商標も原則として登録できません。

赤十字、ジュネーブ十字、赤新月などのマークと同じか似ている商標も登録できません。

日本国などの監督用の印章などで経済産業大臣が指定するものと同じか似ているマークを有する商標は登録できないことがあります。

都営地下鉄、市バスなどの地方公共団体や非営利目的の公益事業などを表す著名なマークと同じか似ている商標も登録できません。

公序良俗を害するおそれがある商標も登録できません。

他人の氏名や著名な芸名などを含む商標はその他人の承諾がなければ原則として登録できません。ただし、令和５年の法改正により、他人の氏名を含む商標を登録するために一定の知名度がない他人の承諾まで得る必要がなくなりました。

所定の政府などが開設する博覧会や国際的博覧会の賞と同じか似ているマークを有する商標は原則として登録できません。

■ 登録が認められない商標

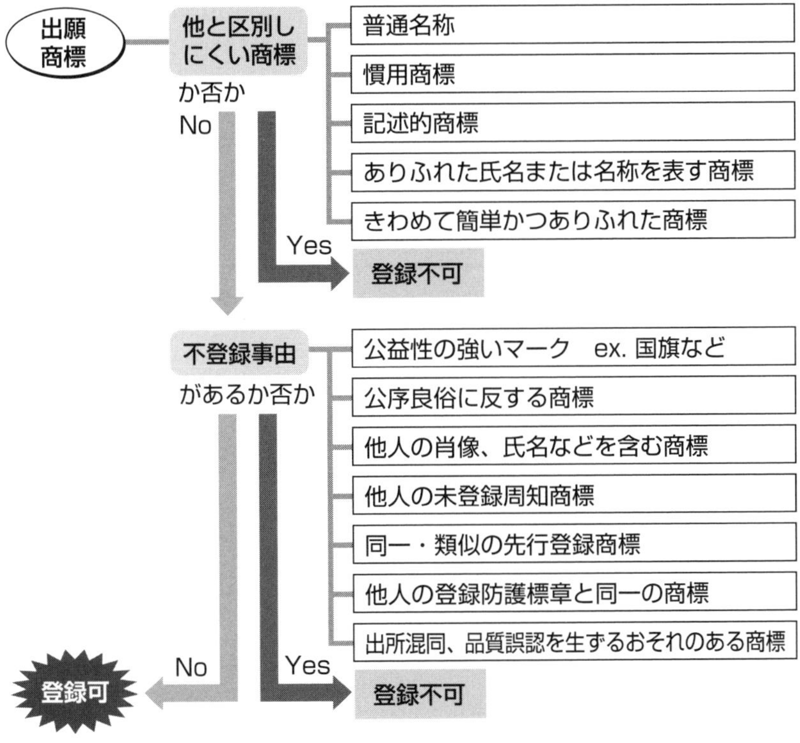

◉ 他と同じか似ている商標

他人の登録商標と同じか似ている商標で同じか似ている商品・役務に使用する商標も登録されません。ただし、令和５年の法改正により、その他人の同意があり、出所混同のおそれがない場合は登録を認めるという**コンセント制度**が導入されることになりました。

商品の品質やサービスの質を誤認するおそれのある商標も登録されません。たとえば、ビールに対して「△△ワイン」とつけるような場合です。

また、日本のワインにボルドーという地理的な表現をすることで、そのワインがボルドー産のワインであると誤解されるような名称のつけ方も登録できません。

他人の登録防護標章と同じ商標で、同じ商品・役務について使用するものも登録することができません。

国内で周知の商標と同じか似ている商標で同じか似ている商品・役務に使用する商標も登録できません。

国内や外国で著名な商標と同じか似ている商標で不正の目的で使用するものも登録できません。

■ コンセント制度 ……………………………………………

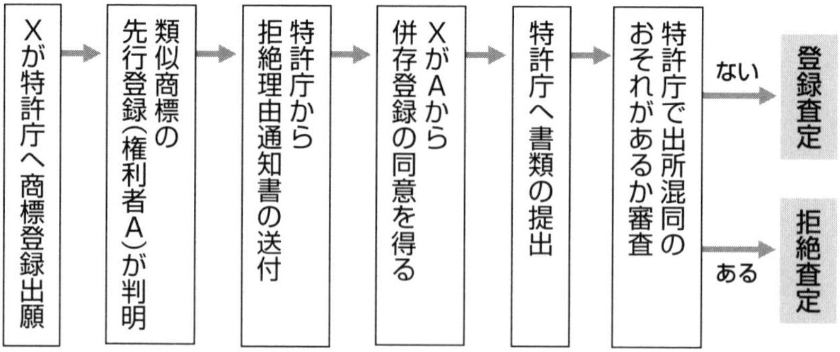

14 小売等役務商標制度について知っておこう

費用や保護の範囲の点でメリットが大きい

◉ 小売等役務商標制度とは

小売等役務商標制度とは、小売業者または卸売業者（以下、「小売業者等」といいます）が使用する商標をサービスマーク（役務商標）として保護する制度です。具体的な小売業者等としては、衣料品店、八百屋、肉屋、飲食料品スーパー、コンビニエンスストア、ホームセンター、百貨店、卸問屋などのあらゆる小売業や卸売業が挙げられます。また、現在、増加し続けているインターネットを利用した通信販売業者なども含まれます。

◉ 小売等役務商標制度によるメリット

第１類から第45類まである区分のうち、小売等役務は、すべて第35類という１つの区分の中に入っています。たとえば、小売等役務商標「○△×スーパー」を出願する場合、第35類「かばん類及び袋物の小売または卸売の業務において行われる顧客に対する便益の提供、被服の小売または卸売の業務において行われる顧客に対する便益の提供」などと記載し、同様に取り扱う商品を列挙していきます。

そして、どんなに取り扱う商品の種類が多くても、１区分の費用を支払うだけでよく、商品商標の場合よりも出願時や登録時にかかる費用が安くなることが多いというメリットがあります。

また、今まで保護されていなかったショッピングカートや店員の制服などに標章を表示する場合も保護されるというメリットもあります。

ただし、商品商標を登録する意味がなくなったということではなく、商品の製造やプライベートブランドの管理もしていて商品そのものに刻印や印刷するなどして使用する商標を保護したい場合には、商品商標の登録を受けなければなりません。

◉ 出願に際しての留意点

小売等役務は、すべて第35類という１区分の中に入っていますので、その中の役務を１つだけ指定しても多数指定しても費用は変わりません。そのため、使用予定がない役務まで指定してしまおうと考える人もいるかもしれません。しかし、商標出願の際に指定できるのは、現在使用しているか将来的に使用する予定がある役務に限られています。小売等役務を多数指定して出願すると、拒絶理由通知が送られてくる可能性が高くなり、それに反論するには、将来使用する予定の事業計画書などを提出しなければなりません。

したがって、小売等役務商標出願をする場合は、①商標の使用に関する証明書類を提出することができる、②現在使用しているか将来的に使用する予定がある小売等役務だけを指定して出願するようにしましょう。

■ 小売等役務商標制度を利用しても登録が難しい商標の例 ……

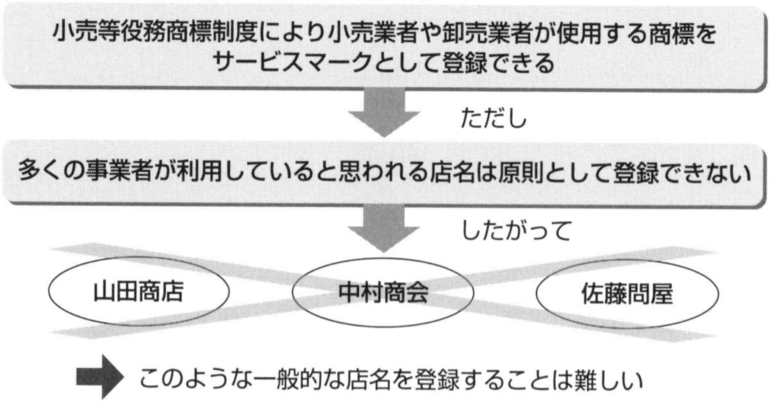

15 団体商標・地域団体商標のしくみについて知っておこう

地方の産業振興のために認められた商標

◉ 団体商標とは

団体商標とは、事業者を構成員としている団体が、その構成員に使用させることを目的としている商標のことです。団体が商標登録することによって、その構成員による商標の使用は団体自身による使用とみられます。この場合、団体自身が商品の生産やサービスの提供などをしていることは必要ありません。

ただし、商品の生産やサービスの提供などをする事業者を構成員にしている団体でなければならないので、どんな団体でも団体商標の登録を受けられるわけではありません。登録を受けられる団体は、一般社団法人、農業協同組合、漁業協同組合、商工会、商工会議所、NPO法人などです。逆に、受けられない団体としては、株式会社、フランチャイズチェーンなどが挙げられます。

そして、団体の構成員に使用させないで、団体だけで商標を使用する場合には、登録は拒否されます。もっとも、その場合には、通常の商標と異ならないので、通常の商標登録出願へと変更することもできます。団体商標の登録が認められると、団体がその商標を独占的・排他的に使用することができます。これは当然、団体が商標を使用することができることを意味します。ただ、団体商標は団体の構成員に使用させることを目的としている商標なので、団体自体だけではなく、その構成員の使用も認めなければなりません。

なお、商標権が与えられた団体は、その構成員を内部統制して団体全体の利益を守らなければなりません。構成員は、商標について決められた品質などを維持しつつ、商品・役務を提供しなければなりません。

◉ 地域団体商標とは

地域団体商標とは、地域ブランドを保護して地域経済の活性化を図ることを目的として、「地域名」と「商品名またはサービス名」を組み合わせた文字だけで構成された商標について、その商標登録を登録要件を緩和して地域に根ざした団体に認めるものです。

団体商標でも地域ブランドの商標登録をすること自体はできましたが、その場合は図形などとの組み合わせた構成での商標登録しかできず、「地域名」と「商品名またはサービス名」を組み合わせた文字だけで構成された商標で登録しようとすると、その商標が全国的に周知となっていなければ登録することができませんでした。

地域団体商標制度が導入されたことにより、全国的に周知されている商標でなくても、隣接都道府県に及ぶ程度の周知度があれば「地域名」と「商品名またはサービス名」を組み合わせた文字だけの商標登録ができるようになり、地域ブランドの保護が容易になりました。

地域団体商標の登録を受けられる団体は、地域に根ざした団体でなければならず、具体的にはその地域の事業協同組合、農業協同組合、漁業協同組合、商工会、商工会議所、NPO法人などです。団体は、地域団体商標をその団体の構成員に使用させなければなりません。

そして、通常の商標権と同じように、権利の存続期間は10年で、更新も認められています。

◉ 地域団体商標の活用

地域ブランド化とは、地域の特色を活かした商品やサービスを提供することで、他の地域のそれとの差別化を図り、付加価値を高めていくことです。ところが、努力して良い商品やサービスを生み出し、せっかく有名にした地域ブランドを、第三者が勝手に便乗して使う場合があります。そのような場合に備えて、地域ブランドを法律的に守っていくことが必要になります。法律的に守っていくために、地域ブランドを商標登録しておくことはとても有効な方法です。商標は、「商品やサービスの目印となるマーク（文字や図形など）」のことですが、商標を登録できれば、便乗使用者に対して商標権に基づいて迅速に警告、使用の差止請求、損害賠償の請求などをすることができます。

ところで、地域ブランドの商標というと、「地域名」と「商品名またはサービス名」を組み合わせたものが多く見られます。しかし、これまでの商標法では、このタイプの「地名入り商標」は、全国的に有名であるような場合（例：夕張メロン）と、図形と組み合わせた場合（例：関あじ・関さば）しか商標登録できませんでした。

地域団体商標制度の下では、地域ブランドが全国的に有名になる前でも隣接都道府県の範囲で知られていれば、「地域名＋商品名等」の文字だけの商標登録が認められます。登録を受けるためには、通常の商標登録要件の他に、商標が地域の名称と商品・役務の名称で構成されること、地域と商品（役務）との密接関連性、商標の周知性といった要件を満たすこと、が必要です（次ページ図）。また、出願は、特産品を製造・販売する事業協同組合などが出願人となって行います。

農業協同組合や事業協同組合などは、この制度を有効に活用することで、早い段階で地域ブランドを商標登録できるようになりました。

■ 団体商標と地域団体商標

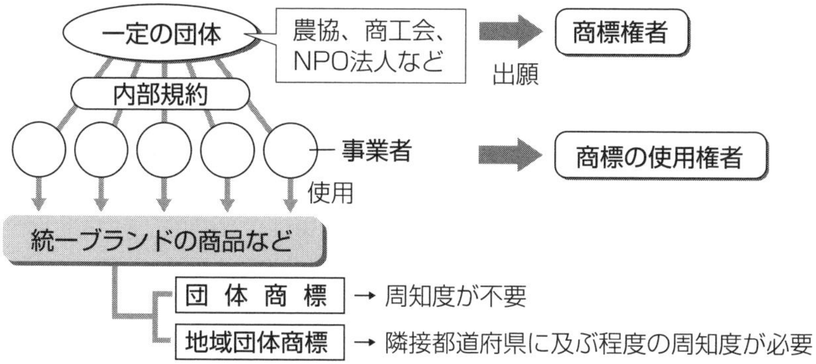

大間まぐろ、仙台味噌、草津温泉、小田原かまぼこ、輪島塗、静岡茶、松阪牛、京友禅、神戸牛、広島かき、道後温泉、長崎カステラ、琉球泡盛などが地域団体商標として登録されています。

この新しい地域団体商標制度を有効に活用することで、地域ブランドによる競争力の強化と、地域経済の活性化が今後ますます進んでいくことでしょう。

■ 地域団体商標の登録要件

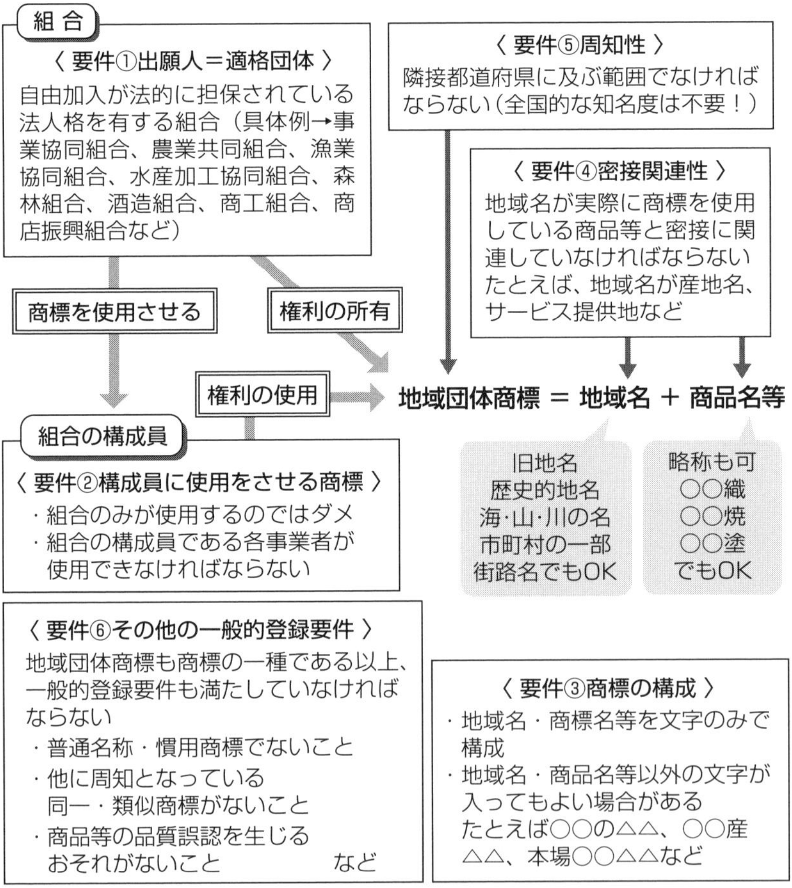

16 ありふれた名称を登録することもできる

ありふれた名称でも登録できる場合がある

◉ ありふれた名称等でも登録される場合

商品の産地、販売地、品質、原材料、効能、用途、形状、生産方法、使用方法、時期などの特徴、数量、価格を通常使われる方法で表示する標章のみからなる商標は通常、登録が認められません。また、サービスを提供する場所、質、提供するときに使う物、効能、用途、態様、提供の方法、時期などの特徴、数量、価格を普通に使われる方法で表示する標章のみからなる商標も登録できません。

なお、**標章**とは、人の知覚によって認識することができるもののうち、文字、図形、記号、立体的形状、色彩またはこれらの結合、音その他政令で定めるものをいいます。

ただ、他と区別のつきにくい、ありふれた名称であっても、一定の要件を満たした場合に、商標として登録を認められることがあります。具体的には、電話について登録されている「プッシュホン」やハムについて登録されている「ニッポンハム」のような商標です。これらの商標は、本来はありふれた標章のため登録が認められないのですが、企業がその商標を未登録のままで使用し続けた結果、その企業が販売する商品や企業そのものを表す商標と認められるようになり、登録されています。自動車のメーカーの名称である「トヨタ」や鋳鉄管のメーカーの名称である「クボタ」が商標として認められたのも同様です。

「佐々木」などのありふれた名称や氏名を、普通に表すだけの商標は、通常は登録が認められません。非常に簡単でありふれた標章でできている商標も、通常は登録が認められません。

また、○、△、□などの単純な図形を単体で登録することも、非常に簡単でありふれた標章に該当するためできません。同様に、平仮名やカタカナ一文字を文字だけで登録することもできません。しかし、「トヨタ」や「クボタ」は非常に有名で、その名称によって他の企業と明確に区別することができるため、登録されています。

結局、ありふれた氏名や名称であっても、識別力（商標が対象とする商品やサービスの利用者に、誰が提供した商品・サービスなのかを認識させる力のこと）が認められれば登録が認められる可能性があることになります。

◉ 登録するのに必要な項目

本来はありふれたもので登録できない商標の登録が認められるためには、出願の際、広い範囲の需要者に知られているという証拠を提出しなければなりません。証拠によって証明する項目は、出願人が実際に使用している商標・商品・サービス、商標の使用を開始した時期、商標の使用期間と使用している地域、商品の生産量、商標・商品・サービスの広告宣伝の方法と広告の回数などです。

具体的には、仕切伝票、納入伝票、広告宣伝が掲載された新聞や雑誌、商標使用を示す写真、広告業者の証明書、同業組合の証明書、商工会議所の証明書などを証拠として提出します。

■ ありふれた氏名や名称が登録できる場合 ……………………………

17 商標登録出願の方法について知っておこう

項目ごとに記載の仕方が決まっている

◉ 通常の商標登録出願について

願書のおもな書き方は以下のとおりです。

① 商標登録を受けようとする商標

標準文字商標の場合は、この欄に文字だけで構成された出願商標を記載します。そして、次の行に【標準文字】と記載します。標準文字商標とは、たとえば書体やデザインなど、文字の形や配列に特徴がないもので、普通に横方向に文字だけを並べた商標のことです。

30文字以内で入力し、色をつけず、文字を修飾しないようにします。使う文字は全角文字で特許庁長官が指定した文字を使います。オンラインの場合は、文字データで作成します。

標準文字以外の商標は、大きさは８cm平方の四角い枠線の中に出願商標を記載します。特に必要がある場合は15cm平方までの大きさにすることが認められています。オンラインの場合は、イメージデータで作成します。カラーの出願商標はJPEG形式（最大1181×1181ドット）、白黒の出願商標はPNG,GIF,BMP形式（最大2362×2362ドット）で作成します。

② 指定商品または指定役務並びに商品及び役務の区分

まず【第○類】と指定する区分を記載し、その下の【指定商品（指定役務)】に指定する商品・役務を記載します。複数の区分を指定する場合はこれを繰り返します。同じ区分に複数の商品・役務を指定する場合は、各商品・役務の区切りに「,」をつけます。「、」をつけないように注意しましょう。

③ 商標登録出願人

識別番号、住所または居所、氏名または名称などを書きます。出願人は権利能力を有する者でなければなりません。出願人が代理人を使わず自らインターネット出願する際は、識別番号の記載が必須です。

特許庁が商標を出願する人の住所、氏名などを申請人登録情報として記録しておき、その情報につけておくのが識別番号です。手続きの際にこの番号と照合することで申請人の情報を確認することができ、出願人は住所または居所の記載を省略することができます。

④　手数料の表示

予納による見込額からの手数料を納付する方法や現金納付により手数料を納付する方法などがあります。予納による場合には、【予納台帳番号】【納付金額】の欄を作り、予納台帳番号の欄には予納台帳の番号を、納付金額の欄には見込額から納付にあてる金額を、単位をつけずに算用数字で書きます。なお、納付金額は、〔3,400円＋１区分につき8,600円〕により計算した額です。現金納付の場合には、【納付書番号】の欄を作り、納付済証に記載されている納付書番号を書き、納付済証（特許庁提出用）を書面により提出します。

■ 通常の商標登録出願の記載方法

①【書類名】	商標登録願と書く
②【整理番号】	10文字以内、ローマ字、アラビア数字マイナス記号で書く
③【提出日】	令和○年○月○日
④【あて先】	特許庁長官殿と書く
⑤【商標登録を受けようとする商標】	インターネット出願の場合、標準文字は文字データ、標準文字以外の商標はイメージデータで入力
⑥【指定商品・役務並びに商品及び役務の区分】	〔第○類〕〔指定商品（指定役務）〕
⑦【商標登録出願人】	識別番号、氏名または名称を書く。識別番号がない場合、住所または居所も書く。
⑧【代理人】	代理人によらない場合は不要。
⑨【手数料の表示】	

資料　商標法第５条第３項に規定する標準文字

SP	、	。	,	.	・	!	ゝ	ゞ	々	ー	−	～	‘	’	(	)	〔	〕	[	]	「	」
+	−	%	&	@																		
ぁ	あ	ぃ	い	ぅ	う	ぇ	え	ぉ	お	か	が	き	ぎ	く	ぐ	け	げ	こ	ご	さ	ざ	し
じ	す	ず	せ	ぜ	そ	ぞ	た	だ	ち	ぢ	っ	つ	づ	て	で	と	ど	な	に	ぬ	ね	の
は	ば	ぱ	ひ	び	ぴ	ふ	ぶ	ぷ	へ	べ	ぺ	ほ	ぼ	ぽ	ま	み	む	め	も	ゃ	や	ゅ
ゆ	ょ	よ	ら	り	る	れ	ろ	ゎ	わ	ゐ	ゑ	を	ん	0	1	2	3	4	5	6	7	8
9	A	B	C	D	E	F	G	H	I	J	K	L	M	N	O	P	Q	R	S	T	U	V
W	X	Y	Z	a	b	c	d	e	f	g	h	i	j	k	l	m	n	o	p	q	r	s
t	u	v	w	x	y	z	ァ	ア	ィ	イ	ゥ	ウ	ェ	エ	ォ	オ	カ	ガ	キ	ギ	ク	グ
ケ	ゲ	コ	ゴ	サ	ザ	シ	ジ	ス	ズ	セ	ゼ	ソ	ゾ	タ	ダ	チ	ヂ	ッ	ツ	ヅ	テ	デ
ト	ド	ナ	ニ	ヌ	ネ	ノ	ハ	バ	パ	ヒ	ビ	ピ	フ	ブ	プ	ヘ	ベ	ペ	ホ	ボ	ポ	マ
ミ	ム	メ	モ	ャ	ヤ	ュ	ユ	ョ	ヨ	ラ	リ	ル	レ	ロ	ヮ	ワ	ヰ	ヱ	ヲ	ン	ヴ	ヵ
ヶ																						

1　一覧表中「SP」とあるのは、１文字分の空白（スペース）を示す。

2　商標法第５条第３項に規定する標準文字は、平成２８年９月２３日発行の特許庁公報において、すべて改められ、新しい標準文字が指定されている。

3　平成28年９月23日に指定された標準文字一覧 は特許庁ホームページ（https://www.jpo.go.jp/system/laws/rule/guideline/trademark/binran/document/index/shiryou_1_1.pdf）を参照。

書式　商標登録出願　願書

【書類名】　商標登録願
【整理番号】　A－0001
【提出日】　令和○年○○月○○日
【あて先】　特許庁長官　殿
【商標登録を受けようとする商標】
（願書に直接記載する場合は枠線を設ける）

【指定商品又は指定役務並びに商品及び役務の区分】
　【第３類】
　【指定商品（指定役務）】　化粧せっけん，シャンプー
　【第16類】
　【指定商品（指定役務）】　アルバム，カード，便せん
【商標登録出願人】
　【識別番号】　012345678
　【住所又は居所】　東京都杉並区浜田山○丁目○番○号
　【氏名又は名称】　商田産業株式会社
　【代表者】　商田　標子
【手数料の表示】
　【納付番号】　０００００－００００－００００－００００

書式　立体商標登録出願　願書

【書類名】　商標登録願

【整理番号】　A－0001

【提出日】　令和○年○○月○○日

【あて先】　特許庁長官　殿

【商標登録を受けようとする商標】

> [立体商標を記載する]
> ・原則として、8cm平方の枠内に1つの斜視図を記載する。
> ・わかりにくい場合は、15cm平方の枠内に2つ以上の立体商標を同一縮尺で記載し、各図の間に十分な余白を設ける。

【立体商標】

【指定商品又は指定役務並びに商品及び役務の区分】

　【第3類】

　【指定商品（指定役務）】　化粧せっけん，シャンプー，洗濯せっけん

　【第16類】

　【指定商品（指定役務）】　アルバム，カード，便せん

【商標登録出願人】

　【識別番号】　012345678

　【住所又は居所】　東京都杉並区浜田山○丁目○番○号

　【氏名又は名称】　商田産業株式会社

　【代表者】　商田　標子

【手数料の表示】

　【納付番号】　００００－００００－００００－００００

◉ 団体商標登録出願

団体商標登録とは、団体がその団体構成員に使用させる商標について登録を受けることができるものです。この出願をする際は、【書類名】に「団体商標登録願」と書きます。そして、所定の法人であることを証明する書面（登記事項証明書など）を提出しなければなりません。出願人は、一般社団法人や特別の法律により設立された組合などに限られています。

◉ 地域団体商標登録出願

地域団体商標登録は、地域の名称と商品・役務の名称等からなる文字商標について、地域に根ざした団体がその団体構成員に使用させる商標について登録を受けることができるものです。

この出願をする際は、【書類名】に「地域団体商標登録願」と書きます。そして、商標法７条の２第１項に規定する組合等であることを証明する書面（登記事項証明書、設立根拠法の写しなど）と、同条第２項に規定する地域の名称を含むことを証明する書類（パンフレット、カタログなど）を提出しなければなりません。出願人は、特別の法律によって設立された組合、商工会、商工会議所、NPO法人などに限られています。

◉ 防護標章登録出願

防護標章登録は、有名な登録商標の商標権者が、その登録商標の商品やサービスとは類似しない商品やサービスについても他人の使用を排除するために、その登録商標と同じ標章を防護標章として登録を受けるものです。

出願をする際は、【書類名】に「防護標章登録願」と書き、【防護標章登録出願に係る商標登録の登録番号】欄を作って、登録商標の登録番号を書きます。標章は、この登録商標と同一のものでなければなりません。さらに、防護標章登録を希望する指定商品・役務とその区分を記載します。

◉ 紙による出願の手順概要

紙による出願は、願書の作成、手数料の納付、郵送または持参がポイントです。願書は、所定の書式に沿って作成します。

手数料として特許印紙を貼付して納付するときは、願書の左上などに所定の金額分の特許印紙を割印などはせずに貼付します。特許印紙は、各地の集配郵便局または特許庁1階の売店で購入することができます。

郵送で提出する際は、書留郵便で送付すると発送日が出願日となります。発送日の証拠となる書留郵便物受領証は大切に保存しておきましょう。ただし、国際出願関係書類は特許庁の到達日が書面の提出日となるので注意してください。

窓口に提出する際は、特許庁1階の出願課受付カウンターに提出します。国際出願の場合は国際出願室受付カウンターとなります。提出書類のコピーを一緒に提出すると受付印をそのコピーに押して返してもらえます。なお、受付時間は平日9時から17時までです。

■ 紙による出願の流れ

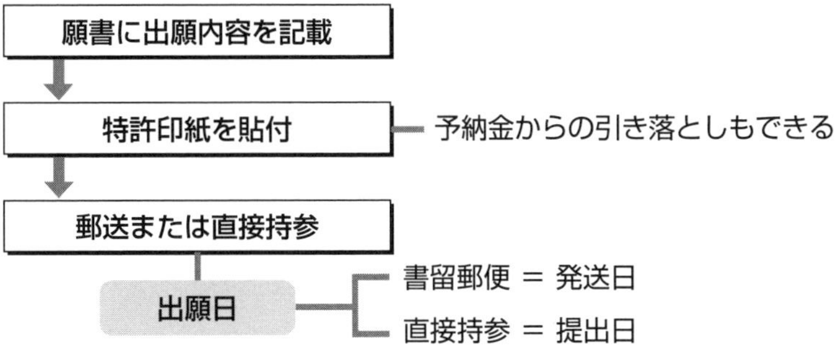

書式　団体商標登録出願　願書

特許印紙

(　　円)

【書類名】　団体商標登録願
【整理番号】　A－0001
【提出日】　令和○年○○月○○日
【あて先】　特許庁長官　殿
【商標登録を受けようとする商標】

[願書に直接記載する場合は枠線を設ける]

【指定商品又は指定役務並びに商品及び役務の区分】
　【第３類】
　【指定商品（指定役務）】　化粧せっけん，シャンプー，洗濯せっけん
　【第16類】
　【指定商品（指定役務）】　アルバム，カード，便せん
【商標登録出願人】
　【識別番号】　012345678
　【住所又は居所】　東京都杉並区浜田山○丁目○番○号
　【氏名又は名称】　○○協同組合
　【代表者】　商田　標子
【提出物件の目録】
　【物件名】　商標法７条第１項に規定する法人であることを証明する書面　1

書式　地域団体商標登録出願　願書

特許印紙

(　　円)

【書類名】　地域団体商標登録願
【整理番号】　A－0001
【提出日】　令和○年○○月○○日
【あて先】　特許庁長官　殿
【商標登録を受けようとする商標】

[願書に直接記載する場合は枠線を設ける]

【指定商品又は指定役務並びに商品及び役務の区分】
　【第30類】
　【指定商品（指定役務）】　○○（地域の名称）産の米を原料とするせんべい
【商標登録出願人】
　【識別番号】　012345678
　【住所又は居所】　東京都杉並区浜田山○丁目○番○号
　【氏名又は名称】　○○協同組合
　【代表者】　商田　標子
【提出物件の目録】
　【物件名】　商標法7条の2第1項に規定する組合等であることを証明する書面　　1
　【物件名】　商標法7条の2第2項に規定する地域の名称を含むものであることを証明する書面　1

書式　防護標章登録出願　願書

特許印紙

(　　円)

【書類名】　防護標章登録願
【整理番号】　A－0001
【提出日】　令和○年○○月○○日
【あて先】　特許庁長官　殿
【防護標章登録を受けようとする標章】

［標章を記載する（すでに商標登録を受けている商標と同一である標章）］

【指定商品又は指定役務並びに商品及び役務の区分】
　【第20類】
　【指定商品（指定役務）】　食器棚，茶だんす，洋服だんす
【防護標章登録出願に係る商標登録の登録番号】
　商標登録第○○○○号
【防護標章登録出願人】
　【識別番号】　012345678
　【住所又は居所】　東京都杉並区浜田山○丁目○番○号
　【氏名又は名称】　商田産業株式会社
　【代表者】　商田　標子

18 出願から登録までの流れをおさえよう

拒絶されても審判・訴訟の道が残されている

◉ 登録までの手続と方式審査・実体審査

出願する前に、自分が出願しようとしている商標と同じ商標や似た商標がすでに登録されていないかを調べると、出願の手続きを効率よく進めることができます。

事前に調べた結果、とくに似た商標や同じ商標が見当たらない場合には、商標の登録を受けて商標権を得るために特許庁に必要な出願書類を提出します。

特許庁ではまず提出された書類が定められた書式に従って書かれているかどうか、形式面で不備がないかを調べます。このチェック作業を**方式審査**といいます。方式審査の結果、書類に不備があると、補正命令あるいは補完命令が出されます。この命令が出された場合には、命令に従って、手続補正書や手続補完書を提出します。この対応を怠ると次の段階に進めません。方式審査が終わると、特許庁の審査官によって、出願された商標が登録できる要件を満たしているかどうかについて、具体的な審査が行われます。これを**実体審査**といいます。実体審査の段階で、他の商品やサービスと区別する力（識別力）があるか、公益上の理由から登録できない商標にあたらないかなどについて判断されます。

◉ 拒絶理由通知と拒絶査定

実体審査で登録の要件を満たしていないと判断されると、特許庁から拒絶理由が通知されます。拒絶理由通知書が送られてきた場合、何も反論せずにそのままにしていると、自動的に拒絶査定となります。

拒絶査定とならないためには、登録の要件を満たしている旨を主張する意見書や手続補正書などを提出します。

意見書や手続補正書を提出したにもかかわらず認められなかった場合には、拒絶査定が送られてきます。出願人が拒絶査定の判断に対して不服がある場合には、拒絶査定の謄本が送られてから３か月以内に、拒絶査定不服審判の請求をすることができます。なお、特許の場合は拒絶査定不服審判の請求と同時に補正書を提出すると、審判の審理に行く前に、元の拒絶査定をした審査官が再び審査をする前置審査という制度がありますが、商標ではこの制度はありません。

審判の審理の結果、拒絶理由が解消したと判断された場合には登録審決が行われ、拒絶理由が解消できていないと判断されれば拒絶審決が行われます。

◉ 登録査定と登録料の納付

出願した商標が、書類の不備もなく、または不備を解消し、かつ登録要件を満たしていると判断された場合には、登録査定が出されます。拒絶理由通知が出された後に、拒絶理由を解消した場合にも、登録査定が出されます。登録査定が出され、出願人が30日以内に定められた登録料を納めると、出願された商標は商標登録原簿に登録されます。商標登録原簿に登録されてはじめて、出願人は商標権を得ることになります。商標登録原簿に登録された後は、商標登録証が送られてきます。登録料の納付の方法には、少し割高になりますが、登録時の負担が少ない分割納付（５年分ずつ２回に分けて納付する方法）と、10年分を一括納付する方法があります。

◉ 商標公報と登録異議申立て、無効・取消審判請求

登録された商標は、登録された内容と共に商標公報に掲載されます。商標公報が発行されてから２か月の間は、登録を受けた者以外の者か

ら登録異議の申立てがなされることがあります。登録異議の申立ては、誰でも行うことができます。申立ては特許庁長官に対して行います。

商標が登録された後であっても、その商標の登録が無効だといえる理由がある場合、利害関係人は無効審判を請求することができます。また、商標権者などが3年間継続して登録商標を不使用だった場合や登録商標を不正使用した場合は、誰でも商標登録の取消審判を請求することができます。

◉ 審判の審理と審決について

商標が登録後、登録について無効審判請求をされると、3人または

■ 出願から登録までの流れ

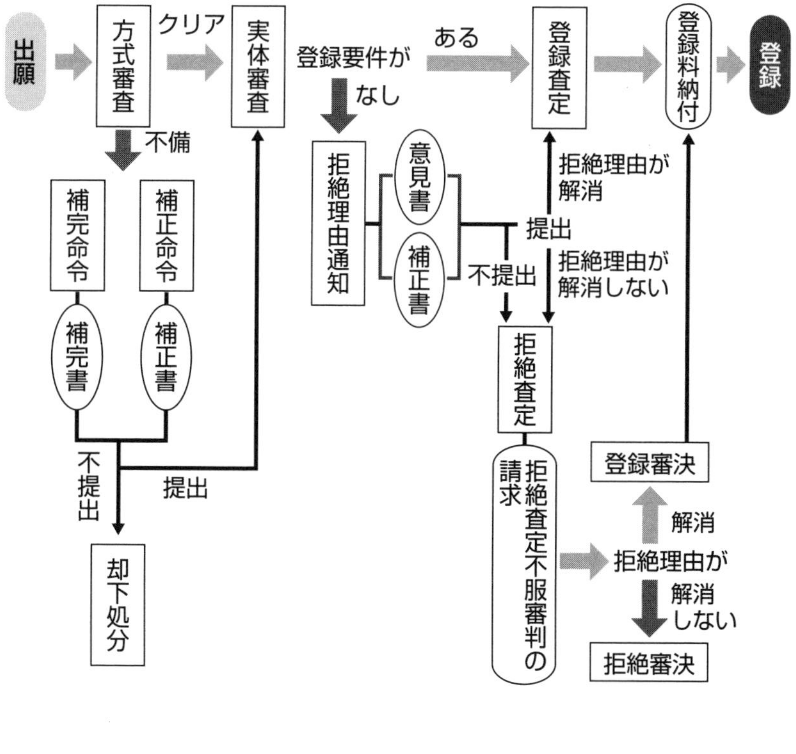

５人の審判官の合議体によって審理が行われます。審理の結果、無効理由がないと判断されると、登録維持の審決がなされます。無効理由があると判断されると登録無効の審決がなされ、原則として商標権は初めから存在しなかったとみなされます。

また、取消審判の請求をされた場合も、３人または５人の審判官の合議体によって審理されます。請求が認められると登録取消の審決が行われ、商標登録は取り消されます。不使用取消審判で一部の指定商品・役務についてだけ請求されていた場合は、取消審判の請求をされた指定商品・役務についてだけ取り消され、商標権は審判請求の登録の日にさかのぼって消滅したものとみなされます。また、不正使用取消審判の場合は、審決が確定すると商標登録全体が取り消され、商標権は審決が確定した時以降に消滅します。

審判の審決に不服がある当事者は、さらに知的財産高等裁判所に出訴して、審決の取消しを求めることができます。

■ 異議申立て・審判の手続き

本人によるもの

- **拒絶査定不服審判請求**　拒絶査定謄本送達後３か月以内に出願人が請求可能

第三者によるもの

- **登録異議申立て**　商標公報発行後２か月以内なら誰でも申立て可能
- **登録無効審判請求**　いつでも利害関係人であれば請求可能
- **登録取消審判請求**　設定登録後３年間継続して登録商標を使用しないなどの場合に誰でも請求可能

審決や決定に不服なら…

↓

- **審決取消訴訟**　知的財産高等裁判所へ

19 方式審査と補正命令について知っておこう

指定期間内に補正や補完をすれば適法な出願になる

◉ 方式審査とは

出願にあたっては、必要な書式を整え、手数料を納付します。

特許庁に出願されると、まず、方式審査が行われます。方式審査とは、出願が法律に従って行われているのか、所定の書式を整えているのか、所定の手数料が納付されているのか、といった形式的な要件を審査することです。この方式審査をパスすると、次は、商標そのものに対する登録要件の有無の実体審査に手続きが進みます。

◉ 補正命令と補完命令

方式審査の結果、出願が形式的要件を満たしていないと判断されると、特許庁長官から補正命令が行われます。

補正命令とは、方式上の軽微な不備について、指摘された不備を直してすぐに提出すれば、却下せずにそのまま適法な出願と認めるという制度です。ただ、不備が軽微ではなく、重大な欠陥を含む場合には、補正ではなく「補完」という手続きが採られます。補完を命ずる特許庁長官の命令を**補完命令**といいます。

◉ 補正の期間と効果

補正はいつまでも許されるものではありません。補正命令によらず、出願人が自発的にする補正については、出願が審査や審判などに係属しなくなった場合には、補正をすることができません。したがって、登録査定・拒絶査定が確定した場合や登録審決・拒絶審決が確定した場合には、もはや補正が許されません。さらに、補正命令によって補正する場合は、補正命令で指定された期間内に行わなければなりません。一般的には、30日間が期間として指定されます。指定期間内に補正しないと、特許庁長官は、出願を却下できます。却下処分に不服のある出願人は、却下処分を知った日の翌日から起算して3か月以内に行政不服審査法に基づいて審査請求をすることができます。逆に、指定期間内に補正がなされて、方式が具備されると、最初に出願をした日に適法な出願がなされたものと扱われます。

◉ 補完命令の場合

補完命令は、重大な欠陥がある場合に出され手続補完書によって欠陥を補完します。「重大な欠陥」とは、ⓐ商標登録を受けようとする旨の表示が不明確である、ⓑ商標登録出願人の氏名・名称の記載がない、あるいは不明確である、ⓒ商標が記載されていない、ⓓ指定商品・役務の記載がない、といった場合のことです。補正の場合と異なる点は、たとえ補完がなされたとしても、最初に出願した日ではなく、後から手続補完書を提出した日が出願日として認定される点です。

■ 方式審査の流れ

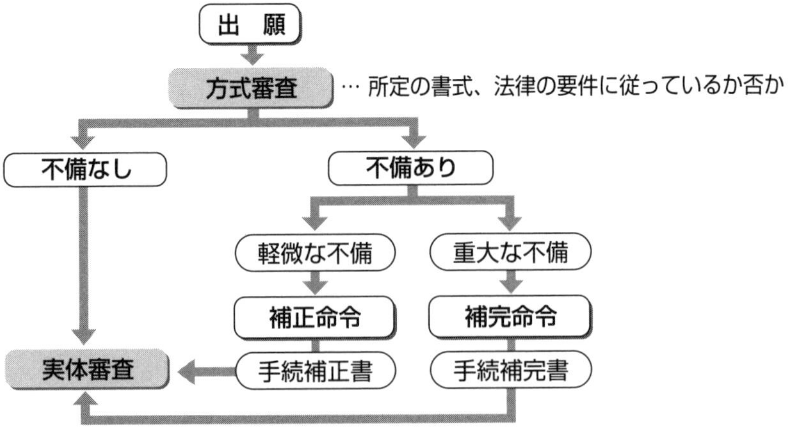

書式　商標登録出願　手続補正書

【書類名】　手続補正書
【提出日】　令和○年○○月○○日
【あて先】　特許庁長官（審査官）　殿
【事件の表示】
　【出願番号】　商願○○○○－○○○○○○
【補正をする者】
　【識別番号】　012345678
　【住所又は居所】　東京都杉並区浜田山○丁目○番○号
　【氏名又は名称】　商田産業株式会社
　【代表者】　商田　標子
【発送番号】　○○○○○
【手続補正１】
　【補正対象書類名】　商標登録願
　【補正対象項目名】　指定商品又は指定役務並びに商品及び役務の区分
　【補正方法】　　　変更
　【補正の内容】
　　【指定商品又は指定役務並びに商品及び役務の区分】
　　　【第18類】
　　　【指定商品（指定役務）】　かばん類，毛皮
　　　【第25類】
　　　【指定商品（指定役務）】　洋服，セーター類

書式　商標登録出願　手続補完書

【書類名】　手続補完書
【提出日】　令和○年○○月○○日
【あて先】　特許庁長官　殿
【事件の表示】
　【出願番号】　商願○○○○－○○○○○○
【商標登録出願人】
　【識別番号】　012345678
　【住所又は居所】　東京都杉並区浜田山○丁目○番○号
　【氏名又は名称】　商田産業株式会社
　【代表者】　商田　標子
【発送番号】　○○○○○
【手続補完1】
　【補完の内容】
　　【指定商品又は指定役務並びに商品及び役務の区分】
　　【第3類】
　　【指定商品（指定役務）】　化粧せっけん，シャンプー，洗濯せっけん
　　【第16類】
　　【指定商品（指定役務）】　アルバム，カード，便せん
　　【第21類】
　　【指定商品（指定役務）】　洋服ブラシ，せっけん用ディスペンサー，花瓶，水盤，風鈴，香炉，化粧用具，靴ブラシ，靴べら

20 実体審査と拒絶理由について知っておこう

拒絶理由の有無が審査される

◉ 実体審査とは

必要な書式を整え、手数料の納付も完了すると、方式審査を通過できます。そして、商標それ自体を登録できるかどうかが審査されます。これが実体審査です。

実体審査では、専門家である特許庁の審査官が商標登録を拒絶する理由があるかどうか検討します。拒絶理由を発見した場合は、審査官は出願人に対して拒絶理由の通知を行います。

逆に、拒絶理由が発見されないと、審査官は商標を登録する旨の決定を通知します。これを**登録査定**と呼びます。

◉ 拒絶理由

商標登録の実体審査では、拒絶理由の有無を審査します。拒絶理由には、たとえば次のものがあります。

① **商標によって、出願人の業務に係る商品・役務と他人の業務に係る商品・役務の識別ができない場合**

たとえば、ⓐその商品・役務の普通名称を普通に用いられる方法で表示する標章だけからなる商標、ⓑ慣用商標、ⓒ商品の産地、販売地、品質や役務の提供場所や質などを普通に用いられる方法で表示する標章だけからなる記述的商標、ⓓありふれた氏名または名称を普通に用いられる方法で表示する標章だけからなる商標などです。

② **公益上の理由あるいは私益保護のために、登録すべきではない商標に該当する場合**

たとえば、ⓐ国旗、菊花紋章、勲章または外国の国旗と同じか似ている商標、ⓑ条約加盟国の紋章その他の記章と同じか似ている商標、ⓒ国や公共団体を表示する著名な標章と同じか似ている商標、ⓓ公序良俗に反する商標、ⓔ他人の肖像、氏名、名称を含む商標、ⓕ未登録で有名な他人の商標と同じか似ていて、かつそれと同じか似ている商品・役務について使用するものなどです。

◉ 分割出願

商標「Ｘ」について、甲が指定商品をＡ及びＢとして出願し、商品Ａについてのみ拒絶理由があったとします。この場合、商品Ａの拒絶理由が解消されないと商品Ｂもあわせた出願全体が拒絶されます。そうすると、その後、商品Ｂについて乙が同じ商標「Ｘ」で出願すれば、甲よりも先に登録を受けることができます。

こうした場合に備え、甲は商品Ａを分割して新たな出願とし、残る商品Ｂのみ手続きを進めて先に確実に商標登録を受け、新たな出願では拒絶されるリスクを商品Ａのみに限定して登録をめざすことができます。これを**分割出願**といい、新たな出願の出願日として元の出願の出願日がさかのぼって認められ、その出願日以降にされた他の出願に対して先願の地位を得ることができます。

■ 分割出願のしくみ

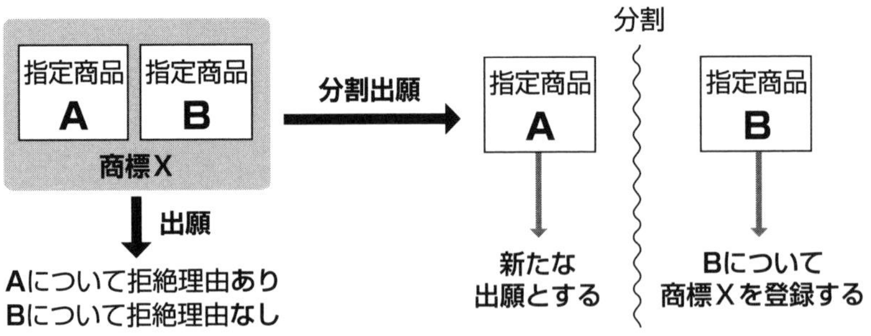

書式　商標登録出願　拒絶理由通知書

拒絶理由通知書

商標登録出願の番号	商願○○○○－○○○○○○
起案日	令和○年○○月○○日
特許庁審査官	○○　○○　○○○○
商標登録出願人代理人	代田　理三郎　様

この商標登録出願については、商標登録をすることができない次の理由がありますので、商標法第15条の２（又は同法第15条の３第１項）に基づきその理由を通知します。

これについて意見があれば、この書面発送の日から40日以内に意見書を提出してください。

なお、意見書の提出があったときは、商標登録の可否について再度審査することになります。

理　由

この商標登録出願に係る商標は、下記の登録商標と同一又は類似であって、その商標に係る指定商品（指定役務）と同一又は類似の商品（役務）について使用するものですから、商標法第４条第１項第11号に該当します。

記

区分	引用No
第11類	1、2

引用No　引用商標一覧

1　登録第○○○○○○号（商願○○－○○○○○○）

2　登録第○○○○○○号（商願○○－○○○○○○）

21 拒絶査定について知っておこう

不服審判を請求する道がある

◉ 拒絶査定と不服審判の請求

拒絶理由通知で指定された期間内に意見書や手続補正書が提出されなかった場合や提出されても拒絶理由が解消されなかった場合には、審査官は**拒絶査定**を行います。拒絶査定が行われると、出願人には拒絶査定の謄本が送達されます。この結果に納得がいかない場合、不服を申し立てる制度が用意されています。

商標登録のような専門的知識を要する判断については、裁判を起こす前に、行政の専門機関でもう一度審査をした方が効率的です。そのため、拒絶査定に不服のある出願人は、特許庁長官に対して、拒絶査定に対する**不服審判**を請求することになります。審判請求は、法定の期間内にしなければなりません。いつまでも法律関係を不確定な状態にしておくわけにはいかないからです。請求期間は、拒絶査定謄本の送達を受けてから３か月以内です。もっとも、送達日の３か月後が土日祝日などの特許庁の閉庁日にあたっている場合、実際の請求期限は翌週の平日月曜日などの翌開庁日まで延びます。

◉ 審理と審決

請求を受けて、３名または５名の審判官が、拒絶査定について審理することになります。

審理の過程で、もともとの拒絶理由とは異なる拒絶理由が発見された場合には、請求人にその旨が通知され、指定期間内での意見陳述の機会が与えられます。また、要旨の変更を伴わない範囲で、補正をすることも認められています。審理の結果、拒絶理由がない場合には、登録をすべき旨の審決（登録審決）、または改めて審査すべき旨の審決（差戻し審決）が下されます。登録審決が下されると、登録審決の謄本が送達され、登録料を納付することにより商標登録が完了します。差戻し審決が下されると、拒絶査定が取り消され審査官によって再び審査されます。

また、拒絶査定が正当であると判断されると、拒絶審決が下されます。拒絶審決が確定すると、出願は拒絶されます。なお、拒絶審決に不服がある場合には、審決の謄本が送達された日から30日以内に、知的財産高等裁判所に対して審決取消訴訟を提起することができます。

◉ 訴訟提起後の流れ

裁判所が、前述の訴訟で、審決を取り消すべきと判断すれば、請求認容判決が出されます。それが確定すると、審決が取り消され、再び特許庁の審判において、判決の趣旨に従った審決が出されることになります。一方、裁判所が、拒絶審決が妥当と判断すれば、請求棄却判決が出されます。

出願人は、この判決に不服があれば、さらに最高裁判所に上告することができます。

■ 拒絶査定への対応

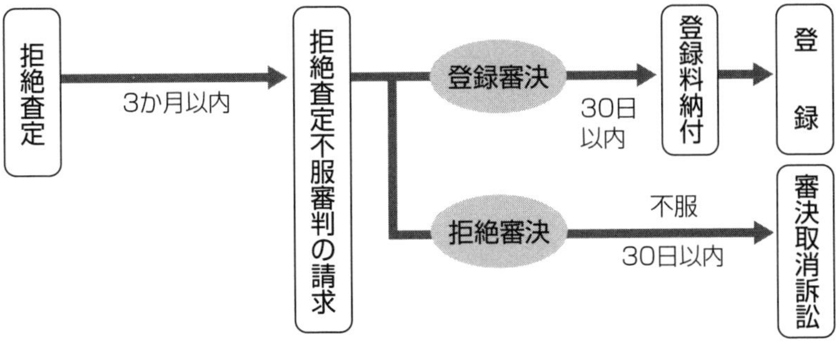

書式　商標登録出願　意見書

【書類名】　意見書
【提出日】　令和○年○○月○○日
【あて先】　特許庁審査官　殿
【事件の表示】
　【出願番号】　商願○○○○－○○○○○○
【商標登録出願人】
　【識別番号】　012345678
　【住所又は居所】　東京都杉並区浜田山○丁目○番○号
　【氏名又は名称】　商田産業株式会社
　【代表者】　商田　標子
【発送番号】　○○○○○
【意見の内容】
(1)　本願商標の態様
(2)　引用商標の態様
(3)　本願商標と引用商標との対比
　ア）外観対比
　イ）称呼対比
　ウ）観念対比
(4)　特許庁の審査審決例
(5)　結語

　よって、本願商標と引用商標は非類似であり、本願商標は登録されるべきであります。

書式　商標登録出願　拒絶査定不服審判請求書

特許印紙

(　　円)

【書類名】　審判請求書
【提出日】　令和○年○○月○○日
【あて先】　特許庁長官　殿
【審判事件の表示】
　【出願番号】　商願○○○○－○○○○○○
　【審判の種別】　拒絶査定に対する審判事件
【商品及び役務の区分の数】　2
【審判請求人】
　【識別番号】　012345678
　【住所又は居所】　東京都杉並区浜田山○丁目○番○号
　【氏名又は名称】　商田産業株式会社
　【代表者】　商田　標子
【請求の趣旨】　原査定を取り消す。本願商標は登録をすべきものである、との審決を求める。
【請求の理由】
　【手続きの経緯】
　本願商標　○○○○
　指定商品　第○類「○○、△△」
　出　願　令和○年○○月○○日
　(優先日○○○○年○○月○○日)
　拒絶理由の通知（発送日）　令和○年○○月○○日
　意見書（提出日）　令和○年○○月○○日
　手続補正書（提出日）　令和○年○○月○○日

拒絶査定（起案日）　令和○年○○月○○日
同　謄本送達（送達日）　令和○年○○月○○日
手続補正書（提出日）　令和○年○○月○○日
【拒絶査定の要点】
適用条文　商標法第４条第１項第11号
引用商標　商標登録第○○○○○○○号
査定の理由　本願商標と引用商標とは、「○○」の称呼を共通にする類似の商標である。
【本願商標が登録されるべき理由】
(1)　本願商標の説明
本願商標は、「○○」の文字からなるものであるから、これより、「○○」の称呼及び「△△」の観念が生ずる。
(2)　引用商標の説明
引用商標は、「○○」の文字からなるものであるから、これより、「○○」の称呼及び「△△」の観念が生ずる。
(3)　本願商標と引用商標の類否
(a)　両商標の類否
本願商標は、「○○」の文字からなり、引用商標は、「△△」の文字からなるものであるから、両商標は外観において明らかに区別しうるものである。
本願商標から生ずる「○○」の称呼と引用商標から生ずる「○○の称呼」とは、……であるから、称呼において相紛れるおそれはない。
また、本願商標は、「△△」の意味を有し、引用商標は、「△△」の意味を有するものであるから、……本願商標と引用商標とは観念上も相紛れるおそれはない。
(b)　指定商品について
本願商標の指定商品「○○」と引用商標の指定商品「○○」と

は、……であるから、非類似の商品である。

(c) 結論

本願商標と引用商標とは、外観、称呼及び観念のいずれにおいても非類似の商標であり、その指定商品も非類似の商品である。

【むすび】

したがって、本願商標は、商標法第４条第１項第11号に該当するものではないから、原査定を取り消す、本願商標は登録すべきものとする、との審決を求める。

(【証拠方法】)

(【提出物件の目録】)

22 登録査定と登録料納付について知っておこう

登録料の納付方法は２種類ある

◉ 登録査定と登録料

審査の結果、商標につき拒絶理由がないか、または意見書・手続補正書の提出により拒絶理由が解消された場合には、登録査定がなされます。そして、登録査定の謄本が出願人に送達されます。

商標を登録するには、登録料を納付する必要があります。納付方法には10年分の一括納付、５年分毎の分割納付の２種類があります。登録料の金額は、指定する商品・役務の区分の数に応じて決定され、一括納付であれば１区分につき32,900円となっています。

また、登録料は、登録査定の謄本が送達された日から30日以内に納付しなければなりません。ただし、その間に期間延長請求書を提出すれば、30日間延長することができます（2,100円の特許印紙代が必要です）。

商標の登録料については、この期間内に納付できなかった場合でも期間延長請求書（期間徒過）を提出すれば、さらに２か月延長することもできます（4,200円の特許印紙代が必要です）。したがって、送達日から30日＋30日＋２か月の期間に納付できます。これらの期間内に納付しないと、出願却下処分となり権利化できなくなります。

◉ 登録料の分割納付

分割納付についての留意点は以下のとおりです。

① **納付期間**

まず、前半分の納付期間は、一括納付の場合と同様です。次に、後半分の納付期間ですが、設定登録から前半５年間の満了日までの間に納付しなければなりません。

ただ、うっかりして納付を忘れたまま納付期間が過ぎてしまうこともあり得ます。そのため、後半分については、期間経過後でも６か月間は追納することが認められています。この場合、正規の登録料以外に、同額の割増料が加算されます。

②　登録料

一括納付の場合に比べて割増となっています。１区分につき前半分が17,200円、後半分も17,200円となっています。一括納付の場合に比べて、1,500円高くなるわけです。

③　区分が複数にまたがる場合

１つの商標「Ｘ」を出願する際に、指定商品・役務が区分Ａや区分Ｂにまたがっている場合、区分Ａについては一括納付、区分Ｂについては分割納付という納付方法はとれないので注意しましょう。

◉ 登録料の返還請求

登録料を過分に納付した場合、その分の返還を請求できます。返還請求の期限は納付日から１年以内です。ただ、分割納付の方法を選択した場合で、後半分をすでに納付していたが、存続期間満了前５年までに商標登録が無効または取消しとなり確定した場合には、無効または取消しの確定後６か月以内であれば返還請求できます。

■ 分割納付した場合の登録料の納付と注意点 ……………………

納付期間
前半分：登録査定謄本が送達された日から30日以内。
後半分：設定登録から前半５年間の満了日まで。

登録料
前半分：17,200円 × 区分数
後半分：17,200円 × 区分数

注意すべきこと
指定する商品や役務が２つ以上の区分にまたがっている場合、
それぞれの区分ごとに納付方法を変えることはできない。

23 商標登録証の交付と商標公報の発行について知っておこう

商標登録証自体には法的な効力はない

◉ 交付までに少し時間がかかる

登録査定を受け、その謄本送達後30日以内に登録料を納付すると、商標が商標登録原簿に登録されて、念願の商標権を取得できます。登録料の納付から登録までは1週間程度かかります。

商標権を取得した商標権者には商標登録証が交付されます。商標登録証は、特許庁から郵便で送付されます。商標権者が複数の場合は、商標権者の数だけ送られてきます。

商標登録証は、商標が登録されていることを示すだけで、それ以上に法的な効力を有するわけではありません。たとえ商標登録証を紛失したとしても、商標権を失うわけではありません。また、手形をはじめとする有価証券のように、その所持を信頼して取引をした第三者を保護するといった機能もありません。商標登録証を紛失したとしても、再交付請求書の提出により、商標登録証の再交付を請求することができます。ただ、出願人にとっては、商標権を取得したことの証拠となる重要な書類となるため、登録日などを確認し、大切に保管するようにしましょう。

◉ 商標登録証の記載事項

商標登録証に記載される事項は次のものです。

・登録番号または国際登録の番号

・登録商標

・指定商品・役務とその区分

・商標権者の氏名・名称、住所・居所

・商標権の設定の登録があった旨
・登録の年月日
・その他、必要な事項

◉ 商標公報の発行とは

出願していた商標が商標登録原簿に登録されると、商標は特許庁が発行する商標公報に掲載されます。商標権は、排他的かつ独占的に商標を使用することができ、社会的にも大きな影響力のある権利ですので、どのような商標について商標権が認められたかを、世間一般に公示します。商標公報には、以下の事項が掲載されます。

・商標権者の氏名・名称、住所・居所
・商標登録出願の番号及び年月日
・願書に記載した商標
・指定商品または指定役務
・登録番号及び設定の登録の年月日
・その他、必要な事項

そして、この商標登録後に発行される登録された商標が掲載された商標公報のことを商標掲載公報ともいいます。

■ 商標登録証・商標公報の記載事項 ……………………………

商標登録証

○登録番号
○登録した「商標」
○指定した商品・役務とその区分
○商標権者の氏名住所
○設定の登録について
○登録年月日
○その他

商標公報

○商標権者の氏名住所
○出願番号
○出願の年月日
○登録した「商標」
○指定商品または役務
○登録番号
○登録年月日
○その他

資料　商標公報サンプル

（１９０）【発行国】日本国特許庁（ＪＰ）
（４５０）【発行日】令和４年１月１８日（２０２２．１．１８）
【公報種別】商標公報
（１１１）【登録番号】商標登録第６４８８３２２号（Ｔ６４８８３２２）
（１５１）【登録日】令和３年１２月２０日（２０２１．１２．２０）
（５４０）【登録商標】

（５００）【商品及び役務の区分の数】５
（５１１）【商品及び役務の区分並びに指定商品又は指定役務】
第９類　電子出版物，インターネットを利用して受信し、及び保存することができる画像ファイル，記録済みデータ記録媒体
第１６類　印刷物
第３５類　事業の仲介及び助言，事業に関する情報の提供，起業に関する指導及び助言，商業及び広告のための展示会及び見本市の実施・手配及び運営
第４１類　技芸・スポーツ又は知識の教授，セミナー・研修会・講習会・シンポジウム・コンテストの企画・運営又は開催，電子出版物の提供，オンラインによる映像の提供（ダウンロードできないものに限る。），美術品の展示，興行の企画・運営又は開催（映画・演芸・演劇・音楽の演奏の興行及びスポーツ・競馬・競輪・競艇・小型自動車競走の興行に関するものを除く。）
第４５類　工業所有権に関する助言，工業所有権に関する情報の提供
【国際分類第１１版】
（２１０）【出願番号】商願２０２０－１５９４１９（Ｔ２０２０－１５９４１９）
（２２０）【出願日】令和２年１２月２４日（２０２０．１２．２４）
（７３２）【商標権者】
【識別番号】７１８０００２６６
【氏名又は名称】特許庁長官
【住所又は居所】東京都千代田区霞が関３－４－３
【法区分】平成２３年改正
【審査官】大塚　順子
（５６１）【称呼（参考情報）】アイオープン、オープン
【検索用文字商標（参考情報）】ＩＯＰＥＮ
【類似群コード（参考情報）】
第９類　０９Ｇ５３、１１Ｃ０１、２４Ａ０１、２４Ｅ０１、２４Ｅ０２、２６Ａ０１、２６Ｄ０１
第１６類　２６Ａ０１
第３５類　３５Ａ０１、３５Ｂ０１
第４１類　４１Ａ０１、４１Ａ０３、４１Ｃ０２、４１Ｃ０３、４１Ｅ０２、４１Ｆ０６
第４５類　４２Ｒ０１

24 登録に問題がある場合について知っておこう

登録が無効になったり取り消される場合がある

◉ 登録異議申立て・審判など

商標権は社会に影響力のある非常に強い権利なので、査定や登録に不備があるのに放置しておくことは公益に反します。そこで、商標登録をすることに不適切な理由がある、登録を維持することが不適切であるといった場合には、商標登録を取り消す、あるいは無効にすることができます。

第三者が特許庁長官に対して請求する方法には次の３つがあります。

①　登録異議の申立て

登録された商標が掲載された商標掲載公報の発行日から２か月以内であれば、誰でもこの申立てができます。

②　商標登録の無効審判

商標登録に重大な問題があり、無効にするべき理由があるときには、利害関係人がこの審判を請求できます。これは、①のように２か月に限定されていません。

③　商標登録の取消審判

商標権者などが登録商標を継続して３年間使用していない場合や登録商標やその類似商標を不正に使用していた場合などに、誰でも登録の取り消しを求めて審判を請求できます。

◉ 審決取消訴訟について

登録異議申立ての取消決定や無効審判・取消審判の審決に不服があるときには、知的財産高等裁判所に訴訟（決定や審決の取消訴訟）を提起し、その判決に不服があればさらに最高裁判所に上告して争います。

◉ 登録異議申立ての手続き

商標登録に異議がある場合、誰でも登録異議の申立てをすることができます。異議申立ては、特許庁長官に対して異議申立書を提出して行います。複数の商品・役務を指定している商標登録の場合は、指定商品・役務ごとに申立てをすることができます。手数料として、1件につき3,000円に、異議申立てにかかる区分数に応じて、1区分につき8,000円を加えた額がかかります。

異議申立ての理由は限定されていて、商標法に規定されています。普通名称や慣用商標にあたり、商標登録の要件を満たさない場合、すでに同じか似ている登録商標がある場合などです。

異議申立ての審理は、3名または5名の審判官によって行われます。

審理の結果、異議に理由がないと判断された場合に、登録維持の決定がなされます。異議に理由があると、登録が取り消されます（取消決定）。この場合、事前に商標権者及び参加人に対して取消理由の通知がなされ、意見書を提出して反論する機会が与えられています。

■ 登録異議申立ての手続き

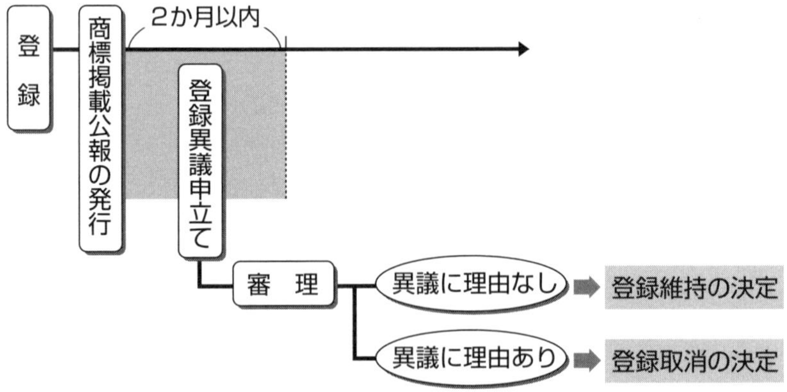

25 商標権は財産として活用できる

他人に譲渡したり使用を許諾して利益を得ることができる

◉ 商標権の性質

商標は、特定の商品や役務と結びつき、その商品や役務と一体となって経済的効果を発揮します。そのため、商標は登録により商標権という権利の対象となり、法的に保護されるのです。つまり、権利者はその商標を独占的・排他的に使用することができるのです。

具体的には、他人が商標権者の許諾なく、その商標を使用すれば、その差止めを請求できます。さらに、損害（得ることができたであろう利益）が発生していれば、その賠償を請求することもできます。このように商標権は、権利として商標の有する財産的価値を確保する働きをします。さらに商標権には、より積極的に活用する方法が認められています。

①　譲渡する（書式は次ページ参照）

所有者などと同じように商標権も他人に譲渡し、対価を得ることが認められています。

商標登録はしたものの、何らかの理由で、商品や役務の製造・販売ができなくなった場合など、商標そのものを他人に譲渡することで、投下資本の一部を回収することができます。

②　ライセンス契約を締結する（書式は204ページ以下参照）

商標権自体は手放さず、商標を使用することだけを許諾する契約を締結することも可能です。これをライセンス契約といいます。

商標権者は、使用を許諾する代わりに、商標の使用許諾料としてライセンス料を得ます。ライセンス契約においては、商標権者からライセンシーに対して、専用使用権または通常使用権が設定されます。

書式　商標権譲渡契約書

収入印紙

割印

商標権譲渡契約書

○○○○株式会社（以下「甲」という）と××××株式会社（以下「乙」という）は、甲の所有する商標につき、下記のとおり譲渡契約を締結する。

第１条（本契約の対象商標）甲は、その所有に関する下記商標権（以下「本件商標」という）を乙に譲渡することとし、乙はこれを譲り受けることとする。

記

商標登録　第○○○○○○○号

商標登録　第○○○○○○○号

第２条（商標権の対価） 乙は、前条に定める本件商標の譲渡の対価として、金○○○○○円を本契約締結の日から30日以内に第３条の定める方法により送金して甲に支払うこととする。

２　前項の規定により支払われた対価は、理由の如何を問わず乙に返還されないものとする。

第３条（商標権の対価の支払方法） 前条に規定する対価は、甲があらかじめ指定する銀行口座に乙が振り込んで支払うものとする。

第４条（登録手続および費用負担） 乙は、甲の許諾をもって、自己の費用により、本件商標の移転登録申請手続を単独で行うことができる。

２　甲は、第２条第１項に定める対価の支払と引き換えに、本件商標の移転登録申請手続に必要な一切の書類を乙に交付することとする。

第５条（登録料納付義務） 登録料は、甲が前条第２項に定める書類を乙に交付した日を基準として、交付の前日までの分を甲が負担し、交付日以後の分を乙が負担する。

第６条（管轄裁判所） 本契約における権利義務の紛争に関する訴訟は、

甲の本店所在地を管轄する地方裁判所を第一審の管轄裁判所とする。
第7条（協議） 本契約に定めのない事項は、甲乙双方、民法、商標法その他の法令および慣習に従い、誠意をもって協議し、解決する事とする。

本契約の成立を証するため、本書2通を作成し、甲乙双方が記名押印の上、各自1通ずつ保有する。

（以下、日付、譲渡人・譲受人の住所・氏名については省略）

書式　商標権譲渡証書

収入印紙

割印

譲渡証書

令和○年○○月○○日

譲受人
　住所（居所）　東京都○○区○○○丁目○番○号
　氏名（名称）　○○　○○　殿
　（代表者）

商標登録番号　第○○○○○○○号

上記商標権は、私（弊社）所有のところ、今般、これを貴殿（貴社）に譲渡したことに相違ありません。

なお、本譲渡に基づく商標権移転の登録を貴殿（貴社）が単独で申請することに異議なく、これを承諾します。

譲渡人
　住所（居所）　東京都○○区○○○丁目○番○号
　氏名（名称）　○○　○○　　㊞
　（代表者）

26 専用使用権と通常使用権について知っておこう

使用権を設定すると第三者が適法に商標を利用できる

◉ 使用権には２種類ある

使用権とは、商標権者などの意思によって、登録商標の使用を自分以外の他人に認めることをいいます。この使用権を取得すると、商標権者などから許諾を受けた権利者以外の者が、正当に登録商標の使用をすることができるようになります。

使用権には、専用使用権と通常使用権の２種類があります。

まず、**専用使用権**は、定められた範囲内ではありますが、登録商標を独占排他的に使用することができる権利です。商標権者であっても、その範囲内では自由に使用することができなくなるので、とても強力な権利です。これに対し、**通常使用権**は、定められた範囲内で登録商標を単に使用することができる権利です。使用することを認めてもらうだけですので、専用使用権と比べると、弱い権利といえます。専用使用権の場合と違って商標権者も使用することができ、同じ範囲にいくつもの通常使用権が存在できます。

◉ 専用使用権や通常使用権の具体例

たとえば、おもに関東地方で和菓子を製造販売している会社Ａが、「○○○」（指定商品：和菓子）という商標の商標権者だったとします。その場合に、北海道で別のお菓子を製造販売している会社Ｘが、「○○○」という商標を和菓子に使用したい、しかも、できれば北海道では自社だけで独占して使用したい、会社Ａにも使用してほしくないと思っているとします。この場合、会社Ｘは会社Ａに対して、北海道全域を範囲とする専用使用権設定契約を結び、その代わりに商標を使用した商品の売上高に応じて使用料を会社Ａに支払いたい、と交渉することになります。

もし、会社Ａと契約でき、特許庁で専用使用権の登録が認められると、会社Ｘが専用使用権者となり、北海道では会社Ｘ以外は、商標権者である会社Ａも含めて誰も登録商標「○○○」を和菓子に使用することができなくなります。

一方、会社Ｘが、とにかく正当に登録商標「○○○」を和菓子に使用したいと思っているだけで、他社が商標権者と通常使用権設定契約を結んで同じ商標を使用していてもかまわないという場合には、通常使用権設定契約を結びたいと会社Ａと交渉することになります。通常使用権は、商標権者であるフランチャイズ本部が、加盟店に対して商標の使用を認めるようなフランチャイズチェーンの場合にもよく利用されています。

■ 専用使用権設定契約による商標の独占的使用

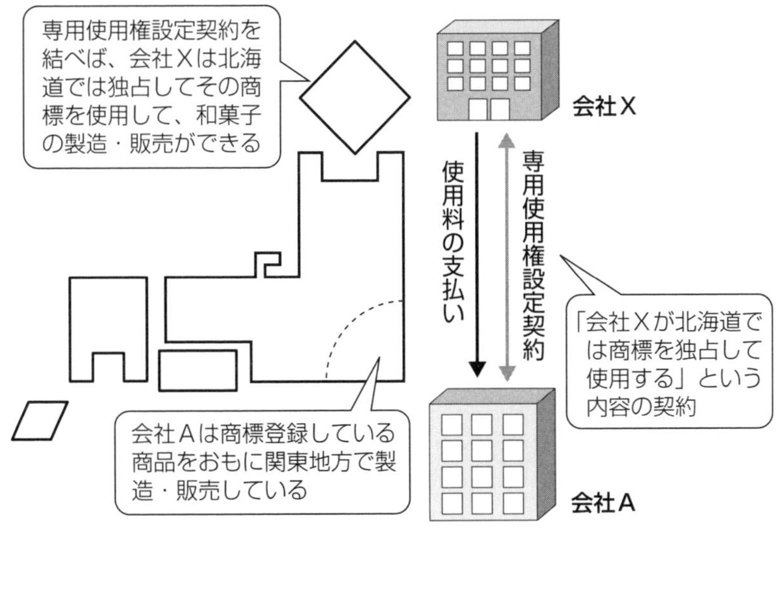

書式　商標使用許諾契約書（専用使用権）

商標使用許諾契約書

株式会社○○○（以下「甲」）と株式会社□□□（以下「乙」）は、甲の名義により登録された後記商標権（以下「本件商標権」）について、使用許諾契約を締結した。

第1条（目的） 甲は、乙に対して、本件商標権について専用使用権を許諾し、乙は、許諾料及び使用料を支払う。

第2条（期間） 本契約の有効期間は、令和○年○月○日より○年間とする。ただし、本件商標権が更新登録された場合には、本契約は自動更新され、更新登録の時点から○年間とする。

第3条（登録） 乙は、自己の費用をもって、本件商標権にかかる専用使用権の設定登録手続をすることができる。

2　乙が前項の設定登録手続を行うときは、甲はこれを許諾し、必要書類の交付等、これに協力する。

第4条（許諾料） 乙は、甲に対して、商標使用許諾の許諾料として、本契約締結時に金○○万円を支払う。

第5条（使用料） 乙は、甲に対して、使用料として、1年あたり定額金○○○万円、および、本件商標権にかかる製品の販売価格の総額に○％を乗じた金額を支払う。

2　前項の使用料は、毎会計年度分を○月○日までに、甲の指定する金融機関の口座に振り込む。

3　乙が、使用料を期限までに支払わない場合は、その翌日から支払いの日までの日数に応じ、年率○％の遅延損害金を支払う。ただし、乙にやむを得ない事情があるため使用料の支払が遅延する場合には、事前に甲と協議の上、これを免除もしくは延期することができる。

第6条（範囲） 甲が乙に対して許諾する使用権の範囲は、次のとおりとする。

①地域　○○府、○○府、○○県、○○県、○○県

②内容　本件商標を付した商品の製造、販売、輸入、及び役務の提供等

③態様　甲の指定する書体、図形、立体および態様

2　乙は、甲の承諾なく、第三者に対して、本件使用権を譲渡し、再使用を許諾し、または、担保権を設定してはならない。

第7条（更新登録） 甲は、自己の意思もしくは乙からの要請により、本件商標権の更新登録の申請を行う。

2　更新登録が、乙の要請により行われた場合は、本契約も更新されたものとみなす。この場合、更新登録手続に要する費用は、乙が負担する。

第8条（表示義務） 乙は、本件商標権を使用する場合は、甲名義の登録商標である旨を表示しなければならない。

2　乙は、前項に規定する場合の他、商標の表示の態様等については、甲の指示に従うものとする。

第9条（甲の責任） 甲は、本契約における乙の本件商標権の使用に関する事項につき、第三者に損害が発生した場合においても、何ら責任を負わないものとする。

2　本件商標権の使用に支障をきたす訴訟が第三者から提起される等、本件商標権に関して紛争が生じたときは、甲は、乙に対して、当該紛争の解決に協力する。

3　前項の場合、甲は、乙に対して、本件商標権に関する資料および情報を提供しなければならない。

4　甲は、本件商標権を、第三者に対して、譲渡もしくは使用許諾をする場合には、乙の本件使用権を妨げないように配慮しなければならない。

第10条（商標権の効力） 乙は、本件商標権について、いかなる手段に

よっても、その有効性について争ってはならない。

第11条（使用条件）乙は、本件使用権を行使するに際しては、法令を遵守し、本件商標権の信用を失墜させる行為をしてはならない。

第12条（報告・通知義務）乙は、毎会計年度ごとに、その終期より1か月以内に、本件商標権の使用にかかる商品の製造、販売、輸出、および役務の提供等の数量、金額等について、甲に対して、書面により定期的に報告しなければならない。なお、書面の書式は、甲の指定するところによる。

2　乙は、正当な権原を有しない第三者が本件商標権を侵害し、または侵害するおそれがあることを知ったときは、遅滞なく、その旨を、甲に通知しなければならない。

第13条（解除）甲及び乙は、各々相手方が本契約に基づく債務を履行しない場合には、相当の期間を定めて催告し、右期間内に履行がないときは、本契約を解除することができる。

2　第10条の規定にかかわらず、乙が本件商標権の効力につき疑義を提起したときには、甲は本契約を解除することができる。

3　解除者は、相手方に対して、生じた損害の賠償を請求することができる。

第14条（協議義務）本契約に規定のない事項もしくは解釈上生じた疑義については、甲及び乙は相互に、信義に従い誠実に協議を行い、これを解決しなければならない。

第15条（管轄）本契約にかかる紛争については、○○地方裁判所を第一審の管轄裁判所とする。

附則

本契約締結の証として本契約書を２通作成し、甲乙は各々署名・捺印の上、各自１通ずつ保管する。

本件商標権の表示

① 商標登録　第○○○○○号

② 商標名　「○○○○」

指定商品と役務の表示

① 「○○○」(第○類)

② 「□□□」(第□類)

③ 「△△△」(第△類)

④ 「×××」(第×類)

令和○年○月○日

(甲) 大阪府○○市○○区○○町○丁目○番○号
株式会社○○○
代表取締役　○○　○○　㊞

(乙) 京都府○○市○○区○○町○丁目○番○号
株式会社□□□
代表取締役　□□　□□　㊞

書式　商標使用許諾証書（専用使用権）

商標使用許諾証書

令和○年○○月○○日

専用使用権者

住所（居所）　東京都○○区○○丁目○番○号

氏名（名称）　○○　○○　殿

（代表者）

商標登録番号　第○○○○○○○号

上記商標権について、下記の専用使用権を設定することを許諾すると共に、その登録申請を貴殿が単独で申請することに異議なく、これを承諾します。

記

(1)　専用使用権の範囲

地　域　（日本全国）

期　間　（令和○年○○月○○日から令和○年○○月○○日まで）

内　容　（登録商標を付した商品を製造、販売すること、および登録商標を付した商品を用いて役務を提供すること）

(2)　対　価

対価の額　（金○○○万円）

支払方法　○○○○○○○○○○○○○

支払時期の定め　○○○○○○○○○

商標権者

住所（居所）　東京都○○区○○丁目○番○号

氏名（名称）　○○　○○　　㊞

（代表者）

27

商標権の効力・存続期間・更新について知っておこう

更新すれば永久に商標権を持てる

◉ 商標権の効力

商標は商品・役務と結びつくことによって、商品・役務の経済的価値を高めていきます。登録された商標には、指定商品または指定役務に登録商標を独占的に使用することができるという権利以外に、以下のような類似範囲にも権利が認められるため、商標登録は企業にとってメリットが大きいということができます。

① 指定商品または指定役務に、登録商標に類似する商標を使用することを禁止する

② 指定商品または指定役務に類似する商品や役務について、登録商標を使用することを禁止する

③ 指定商品または指定役務に類似する商品や役務について、登録商標に類似する商標を使用することを禁止する

◉ 商標権の存続期間と更新

商標法は、商標権の存続期間を登録日から10年間としています。

そして、商標権者にとって商標が効果を発揮していれば、更新をすることによって、商標権を存続させることができます。この更新に回数制限はなく、理論的には、更新を繰り返すことによって永久に商標権を存続させることができます。この点は、特許権、意匠権、著作権など、他の知的財産権とは異なる商標権の特徴だといえるでしょう。これは、他の知的財産権の場合は、一定の期間経過後に、社会の共有財産として誰もが自由に使用できるようにする必要があるのに対して、商標権の場合は、そのような必要性がないためです。

◉ 更新期間について

商標権の存続を希望する商標権者は、申請書を作成し、更新登録申請の手続きを行うことによって、商標権の更新をすることができます。

この更新登録は、商標権の存続期間満了前６か月以内に申請することとされています。この場合、更新登録料を支払う必要があります。しかし、商標権者がうっかり更新の手続きを忘れてしまっていたり、多忙のためどうしても前述期間内に更新申請ができないケースもあり得ます。こうした場合に配慮し、この期間の経過後６か月以内であれば、更新登録申請を受け付けるとしています。ただ、この場合、更新登録料と同じ金額の割増登録料を支払わなければなりません。

なお、この期間を徒過した場合でも、その理由が故意によるものであった場合を除いて追納することが認められています。以前は「正当な理由があること」が条件でしたが、令和３年の法改正により回復要件が緩和されました。更新登録申請の手続ができるようになった日から２か月以内で手続期間の経過後６か月以内に手続をすると共に、手続をすることができなかった理由を記載した回復理由書を提出します。なお、回復手数料として86,400円の特許印紙代が必要です。

■ 商標権の更新手続き

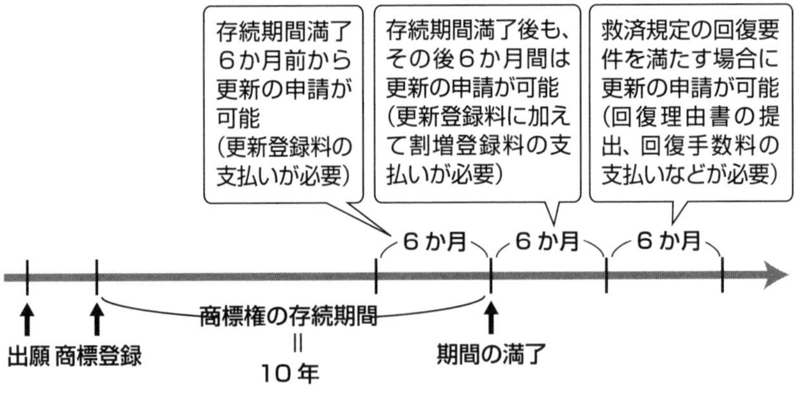

書式　商標権存続期間更新登録申請書

【書類名】　商標権存続期間更新登録申請書

【提出日】　令和○年○○月○○日

【あて先】　特許庁長官　殿

【商標登録番号】　商標登録第○○○○○号

【更新登録申請人】

　【識別番号】　012345678

　【住所又は居所】　東京都杉並区浜田山○丁目○番○号

　【氏名又は名称】　商田産業株式会社

　【代表者】　商田　標子

【登録料の表示】

　【納付番号】　０００００－００００－００００－００００

書式　防護標章登録の更新登録出願　願書

特許印紙

(　　円)

【書類名】　防護標章登録に基づく権利存続期間更新登録願

【整理番号】　A-0001

【提出日】　令和○年○○月○○日

【あて先】　特許庁長官　殿

【防護標章登録の登録番号】　商標登録第○○○○○号の防護標章登録第○号

【更新登録出願人】

　【識別番号】　012345678

　【住所又は居所】　東京都杉並区浜田山○丁目○番○号

　【氏名又は名称】　商田産業株式会社

　【代表者】　商田　標子

28 国際登録出願について知っておこう

国際登録出願により、加盟国で登録を受けられる

◉ 国際的商標保護の必要性

インターネットを通じて、今や、世界中がビジネスの対象となっているのが現状です。国際的に自社のブランドを確立して、商品・役務を提供していきたい場合には、商標の権利としての保護は、世界各国に及んでいなければなりません。

そのため、1つの出願で、世界各国で出願したものとして扱われる制度が必要となり、締結された協定が**商標の国際登録に関するマドリッド協定（マドリッド協定）**です。その後、マドリッド協定の加盟国増加をめざして、「標章の国際登録に関するマドリッド協定の議定書」が締結されました。この議定書は**マドリッドプロトコル**と称されています。日本の商標出願または商標登録を基礎として、国際登録出願をすることも可能です。この国際登録出願のことを、「マドプロ出願」ということもあります。

◉ 国際登録出願の概要

このように出願人の便宜と各国担当機関の効率的事務処理のため、1つの国際登録出願をすると、わざわざ諸外国で出願しなくても登録できる制度が整備されました。この制度では、出願人が自己の本国で国際登録出願をすると、それが世界知的所有権機関の国際事務局に送付されます。そこでは方式審査をした上で、国際登録出願を国際登録簿に記載し、国際公表をします。

国際登録されると、国際事務局は、各指定国の担当機関へ、国際出願を通報することになっています。もし、通報を受けた国の中で、類

似商標がすでに登録されているなどの理由から、その商標を保護することができないと判断した場合には、担当機関から国際事務局に対して拒絶する旨を通報します。この通報は、国際事務局から通報を受けた日から、１年または18か月以内にすることになっています。

問題なく手続きが完了すると、指定国とされた各国では商標権が認められ、保護されることになります。

国際登録日については、国際登録出願をした日が国際登録日になります。つまり、特許庁に対して願書を提出した日です。郵送で提出した場合には、特許庁に到達した日となります。発送日ではないので注意しましょう。国際登録の存続期間は、国際登録日から10年間です。そして、10年ごとに更新することができます。

■ 国際登録出願の概要

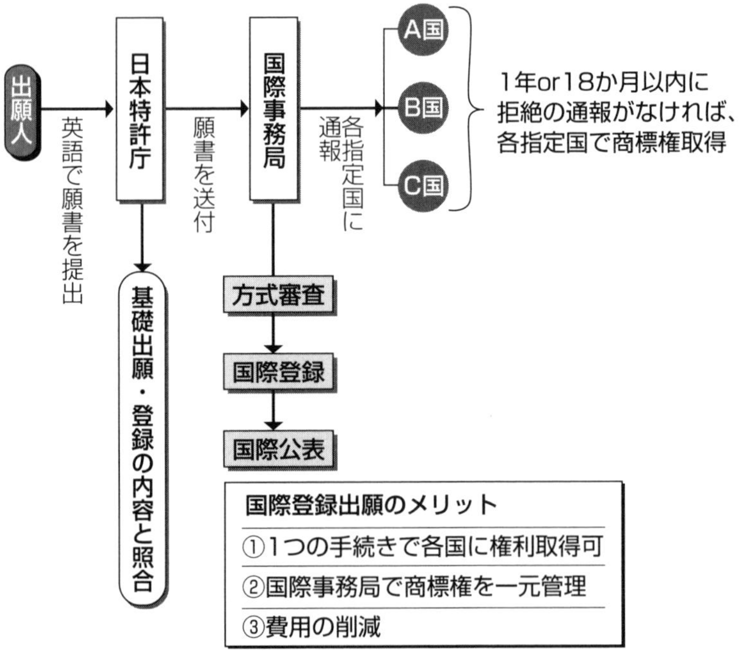

第３章

特許権・商標権の侵害・対策・法的手段

1 権利はどのように侵害されるのか

権利侵害とみなされてしまう行為もあるので注意する

◉ 特許権の侵害とは

「他人の発明をマネして大儲け」。こんなことがあれば、誰もが、感覚的にも、「誰かの権利を侵害しているだろう」と感じるでしょう。特許権を侵害しているのであれば、差止請求ができる他、損害賠償の請求も認められます。さらに、刑罰も科せられることがあります。それだけに、特許権を侵害したかどうかは大きな意味があります。

特許権を侵害するのは、次のような条件を満たしている場合です。

① 実施できない人がすること

実施する権利を持っていない人が他人の特許発明を実施する場合です。逆に、特許権をもっている本人、特許権者から実施することを許された人が実施することは何の問題もありません。

② 事業で実施すること

実施できない人が、特許発明を実施した場合のすべてが侵害となるわけではありません。実施しても、事業として行っていなければ、侵害とはなりません。たとえば、他人の特許発明を勝手に応用した商品を製造販売すると侵害になります。しかし、他人の特許発明を、試験または研究目的で実施している場合、家庭の中で個人的に実施しているにすぎないような場合は侵害にはあたりません。

③ 特許になった発明を実施すること

発明の実施が特許権の侵害となる場合は、原則として、その発明が特許として保護されている場合です。もともと特許を出願していない発明や、出願された結果、特許にならなかった発明は、実施しても特許権の侵害にはなりません。また、たとえば、特許になった発明の内容を見聞きしただけで、特に製造・販売などの実施をしなければ、特許権を侵害したことにはなりません。

なお、他人が特許権を持つ製品を改良して特許権を取得することを**利用発明**といいます。利用発明を実施する場合には、注意が必要です。というのも、改良後の製品を実際に製造販売して実施するということは、改良前の特許発明についても実施することになるからです。改良前の製品の特許権者から、実施許諾を受けずに改良後の製品を販売してしまうと、特許権の侵害になってしまいますので、注意しましょう。

◉ 商標権の侵害とは

登録された商標は、原簿に登録された日から10年間有効です（更新も可能）。有効期間中に指定商品・役務について登録商標を無断で使用する行為は商標権侵害となります。また、登録商標と全く同じ商標でなくても、同一または類似の指定商品・役務について登録商標と類似する商標を使用した場合は、商標権を侵害する行為とみなされます。

■ 特許権の侵害要件

1 無断で行うこと

第三者による侵害　承諾を得ていない、実施料を払っていないなど

特許権者による侵害　自己の特許発明を実施する際に、あわせて他人の特許発明を実施することになるような場合など

2 対象が特許になった発明であること

3 業として行ったこと

業として　事業として行うこと。個人的実施は含まない

4 実施したこと

実　施　特許発明を利用した製品を製造・販売することなど

◉ 民事上と刑事上の対抗手段がある

許諾なく他人が知的財産権を使用した場合、まず内容証明郵便などにより穏当に使用の差止めなどを求め、それでも侵害行為が続くようであれば、訴訟を提起するなどの法的措置をとりましょう。民事上の手続きとしては、差止請求、損害賠償の請求、信用回復措置の請求などができます。

・差止請求

特許権や商標権など自分が権利を取得している知的財産権が侵害された場合には、侵害している者に対して、侵害行為を止めるよう差止請求ができます。

・損害賠償請求

特許権者に無断で特許発明を実施した製品を製造・販売されると、特許権者の売上が減少したり、信用を失うこともあります。そのため、知的財産権を侵害された者は、侵害している者に対して損害賠償請求をすることができます。

・不当利得返還請求

特許の例を挙げると、特許権者に無断で特許を受けた発明を実施した製品を製造・販売されると、侵害者は不当な利益を得ることになります。

特許法や商標法など知的財産法の規定に基づいた利益の返還請求が可能な場合、知的財産法に基づく権利の行使で対応する他に、民法で規定されている不当利得返還請求権を行使して、知的財産権を侵害している者に対して金銭を請求することができます。

・謝罪広告

知的財産権を侵害された者は侵害した者に対して謝罪広告を新聞に掲載するよう請求できます。

基本的には、権利侵害に対しては差止請求や損害賠償請求をすることで対応しますが、それだけでは損害の回復のために不十分な場合には、謝罪広告の掲載などを請求します。

・刑事罰

知的財産権を侵害した者には刑事罰も科されます。たとえば、特許権を侵害した者には、1,000万円以下（業務に関する侵害の場合はその侵害者が勤務する法人は３億円以下）の罰金、10年以下の懲役などの重い刑事罰が科されることがあります。

◉ 侵害されていることを発見したらどうする

自分の知的財産権が侵害されていることを発見した場合、まずは権利が侵害されていることを証明するための証拠を集めることが必要です。知的財産権を侵害している商品を発見した場合にはそれを入手します。すでに店で販売されている商品であれば、それを購入することになります。

また、本当に自分の知的財産権が侵害されているのかどうかを改めて確認する必要があります。たとえば、問題となっている知的財産権が特許権であれば、その商品を分解して自分の特許権を侵害するような技術を用いているかどうかを確認します。

■ 知的財産権の侵害に対する法的手段

民事	差止請求	侵害行為を止めるように求める
	損害賠償請求	被った損害について損害賠償請求する
	不当利得返還請求	侵害者が不当に得た利得について返還を求める
	信用回復措置請求	新聞に謝罪広告を掲載するように求める
刑事		権利を侵害した者には懲役刑や罰金刑が科される

自分の知的財産権の権利の範囲を確認することも必要です。そのため、専門家である弁理士や弁護士にアドバイスを受けることも必要になります。

◉ 警告書を出し、訴訟を起こす

自分の知的財産権が侵害されている場合には、知的財産権を侵害している相手方に対して**警告書**を送ります。警告書には、知的財産権を侵害している相手の商品等の名称、侵害されている知的財産権の種類、警告書に対する回答の期限などを記載します。

知的財産権が侵害されたことに対していきなり訴訟を提起することも考えられますが、訴訟を行うと費用や時間がかかるので、話し合いによる解決をめざすために警告書を送付します。

また、警告書は実利的な意味も持っています。警告書で相手方が話し合いに応じ、その結果たとえば特許権のライセンス契約を締結することになれば、訴訟の手間と費用がかかりません。

なお、警告書を送った場合、相手方が知的財産権の侵害を認め、一定の金銭を払うことで知的財産権の使用の許諾を求める旨の回答が得られる可能性もあります。このような回答があることを想定して、一定の金銭を受け取ることで知的財産権の使用を許すかどうかを決めておく必要があります。

ただし、警告書はむやみに発送すると営業妨害として逆に告訴される場合も考えられるので注意しましょう。

話し合いによる解決ができない場合、訴訟を行うことになります。訴訟では証拠が重要になるので、知的財産権の侵害を発見した段階から証拠を集めておくことが必要です。

書式　差止請求書

差止請求書

令和○年○月○日、貴社が販売を開始したソフトウェア「書く蔵」は、当社が保有している後記特許権の保護の及ぶ技術を用いていると認められ、貴社は、当社の特許権を侵害しております。

よって、当社は貴社に対して、直ちに上記商品の製造販売の中止、既出荷分の回収、その他特許権の侵害状態を完全に除去するようしかるべき措置を講ずることを求めます。

なお、右特許権侵害による損害については調査が済み次第、別途損害賠償請求をいたしますので、あらかじめ申し伝えます。

（特許権の表示）
特許番号９８７６５４号

令和○年○月○日

東京都○○区○○町○丁目○番○号
請求者　株式会社○○電気産業
代表取締役　○○○○　㊞

山口県○○市○○町○丁目○番○号
被請求者　株式会社△△電子
代表取締役　△△△△　殿

2 特許権・商標権侵害と警告への対策について知っておこう

警告書の内容が正しいかを見極めることが重要である

◉ 他人から特許権についての「侵害警告」を受けた場合

まずは、特許権の範囲に触れるかどうかを判断します。しかし、その判断は難解です。判断に時間がかかるようであれば、しばらく待ってほしいという内容の回答書を出しておくのがよいでしょう。その回答書を提出してから１か月以内に回答するのが普通です。

いずれにしても、特許権侵害となるかどうか判断するには、①有効な特許権の存在、②自社の実施内容、③特許権の権利範囲を調べる必要があります。万が一、他人の特許権が有効で自社製品がその特許権に触れている場合は、直ちに製造を中止し、ライセンス契約の申入れなどをする必要があります。これに対し、その他人の特許権に触れないと考えられる場合は、その旨を回答しましょう。

・特許原簿と先行技術を調べる

前述した①の特許権が有効かどうかについては、特許原簿で確認します。特許権者は誰か、特許権の存続期間を過ぎていないか、特許料が納められていないことなどにより特許権が消滅していないか、特許権の範囲はどこまでか、などを調べましょう。

また、費用はかかりますが、その他人の特許出願前に先行技術がないかどうかを調べましょう。先行技術がある場合、特許無効審判請求をします。この請求は、相手の特許権を消滅させることを目的とするものです。無効審決を得ることができれば、特許権は消滅し、最初から存在しなかったことになります。

・侵害にあたるかどうかを検討

前述した②について、自社製品がその他人の特許権を侵害しているのかをよく調べましょう。これは特許公報で調べることができます。もっとも、特許出願に係る発明の内容を知らないで、自ら発明してその特許出願の際に実施の事業またはその準備をしている者などは、先使用権が認められますので、特許権者の許可なく、その発明を実施することができます。

・弁理士の鑑定

前述した③について、自社製品が特許権の範囲に属さないと判断する際には、専門家である弁理士の鑑定を受けておくとよいでしょう。

◉ 特許権を持っていても、他人の特許権を侵害している場合がある

特許権侵害は、自社が特許権を取得している場合であっても生じます。自社の特許発明の実施が、同時に他社の特許発明の実施となる場合もあるのです。これが**利用発明**です。

たとえば、自転車の特許を持っている会社が、自社の特許権に基づき自転車を製造しているが、ハンドルの特許権は、他社が持っているような場合です。この場合、他社に無断で自転車を製造販売すると、他社の特許権侵害となります。

したがって、その特許発明の実施について、事前に特許権者である他社と契約を締結しておく必要があります。

◉ 他人から商標権についての「侵害警告」を受けた場合

商標権の場合にも、「当社の商標権を侵害している」との警告に対しては、さまざまな形での反論をすることができます。

まず、自分の使用している商標が相手の商標と類似していない、または商品の内容が全く異なっているので商標権を侵害することにはならないと主張することが考えられます。

自分が商標を使用する権利をもっていると主張することも考えられます。相手が商標出願をする前から使用していた場合で、自分の使用

する商標が一般に広く認知されており、不正競争の目的なく使用しているのであれば、引き続き商標を使用することができます。また、商標権の効力が及ばないと主張することもできます。たとえば、自分の氏名や、商品の効能や用途を示すために普通に用いられる商標については、商標権の効力が及びません。ただし、その商標が普通に用いられているかどうかは専門的で難しいので慎重な判断が必要です。

◉ どのように回答すればよいのか

まず、相手方の警告に対して迅速に回答する必要があります。通常、警告がされる場合には、「この警告書が到達してから2週間後までに回答せよ」というように期限が区切られているので、期限内に回答することを心がけなければなりません。

もし、自分が知らずに相手の商標権を侵害していることが判明した場合には、速やかに陳謝し、商標の使用を止めることが必要です。この場合には、商標権の侵害は故意ではなく、過失（不注意）で行ってしまったということを回答します。また、相手の商標権を侵害している場合でも、商標使用料を支払うことで解決できる可能性もあるので、使用料を支払う用意があると回答すべきかについても検討する必要があります。

調査の結果、相手方の商標権を侵害していないことが明らかであれば、その理由について丁寧に説明する必要があります。ただし、商標権を侵害していない点については、はっきりと主張します。商標権を侵害していない旨を回答した場合には、相手方と話し合いの場をもつことになります。しかし、その話し合いがまとまらなければ、場合によっては訴訟を提起し（たとえば、商標権に基づく差止請求権不存在確認の訴えの提起が考えられます）、裁判所に商標権の侵害の有無について判断してもらうことなどを検討して行きます。

書式　商標権侵害に対して警告する場合

警告書

当社は、下記のとおり、「○○○○」なる商標に関し、登録商標を保有している商標権者であります。

しかるに、貴社は、令和○年○○月頃から、上記登録商標と類似する○○○□なる商標を、上記登録商標の指定商品に含まれる商品△△△△に付して販売しておられます。

貴社のこのような行為は、当社の上記商標権を侵害するものであります。つきましては、直ちに、貴社の右商品の販売を中止されますよう、請求致します。

なお、本書面到達後２週間以内に、貴殿から誠意ある回答がえられない場合には、当社としましては、貴社に対して商標の使用差止め及び損害賠償請求訴訟を提起する所存でありますことを、念のため申し添えます。

記

商標権の表示

商標名　　○○○○

指定商品　△△△△、□□□

登録番号　第○○○○○○○号

登録日　　令和○年○○月○○日

令和○年○月○日

東京都○○区○○×丁目×番×号

○×△株式会社

代表取締役　○○　○○　㊞

東京都○○区○○×丁目×番×号

○○○△株式会社

代表取締役　○○　○○○　殿

書式　商標権侵害の警告に対する回答書

回答書

令和○年９月１０日付貴社より送付された「商標使用中止請求書」に対して、次のとおり回答します。

貴社は右文書の中で、当社の「やまな」が貴社登録商標と同一の指定商品であり、称呼が類似している旨を主張されておりましたが、特許庁発行『商標審査基準』等によれば、文字商標において、自然な称呼をフリガナとして付した場合には、不自然な称呼に商標権は生じないとされます。これを本件にあてはめると、貴社は「山菜」（さんさい）として商標登録しており、「やまな」は不自然な称呼にあたります。また、「やまな」が地名に基づく造語であることも考慮すると、非類似と考えられます。

よって当社は貴社商標を侵害していないので、使用中止の請求には応じられない旨回答致します。

令和○年１０月１日

東京都○○区○○２丁目３番４号

株式会社松竹物産

代表取締役　松竹太郎　㊞

東京都○○区○○１丁目２番３号

株式会社鶴亀貿易

代表取締役　鶴亀一郎　殿

3 内容証明郵便の書き方、出し方について知っておこう

法的効力はないが心理的プレッシャーを与えることができる

◉ 内容証明郵便とは

内容証明郵便は、誰が・いつ・どんな内容の郵便を誰に送ったのか、を郵便局が証明する特殊な郵便です。郵便物を発信した事実からその内容、さらには配達証明をつけることで、相手に配達されたことまで証明をしてもらえます。これは、後々訴訟になった場合に、強力な証拠になります。内容証明郵便は、受取人が１人の場合でも、同じ内容の文面の手紙を最低３通用意する必要があります。ただし、全部手書きである必要はなく、コピーでも大丈夫です。郵便局ではそのうち１通を受取人に送り、１通を局に保管し、もう１通は差出人に返してくれることになっています。

■ 内容証明郵便の書き方 ……………………………………………

用　紙	市販されているものもあるが、特に指定はない。 B4判、A4判、B5判が使用されている。
文　字	日本語のみ。かな(ひらがな、カタカナ)、 漢字、数字(算用数字・漢数字)。 外国語不可。英字は不可(固有名詞に限り使用可)
文字数と行数	縦書きの場合　：20字以内×26行以内 横書きの場合①：20字以内×26行以内 横書きの場合②：26字以内×20行以内 横書きの場合③：13字以内×40行以内
料　金	文書1枚（480円）＋郵送料（84円）＋書留料（480円） ＋配達証明料（差出時350円）＝1394円 文書が1枚増えるごとに290円加算

※令和５年10月１日現在の料金

内容証明郵便で１枚の用紙に書ける文字数には縦書き、横書き共に、制約があり、用紙１枚に520字までを最大限とします（前ページ図参照）。同文の書面３通と、差出人・受取人の住所氏名を書いた封筒を持って、郵便局の窓口へ持参します。内容証明郵便を差し出すことのできる郵便局は、集配を行う郵便局か支社の指定した郵便局です。字数計算に誤りがあったときなどのために、訂正用印鑑を持っていくのがよいでしょう。郵便局に提出するのは、内容証明郵便の文書、それに記載された差出人・受取人と同一の住所氏名が書かれた封筒です。窓口で、「確かに受け付けた」旨の証明文と日付の明記されたスタンプが書面に押されます。その後、文書を封筒に入れて再び窓口に差し出します。引き替えに受領証と控え用の文書が交付されます。これは後々の証明になりますから、大切に保管しておいてください。

◉ e内容証明（電子内容証明）とは

e内容証明とは、内容証明郵便を電子化したもので、インターネットを通じて24時間利用することができる日本郵便のサービスです。これにより郵便局の窓口に行かずに、時間も気にすることなく内容証明郵便を出すことができます。

このサービスを利用するためには、まず日本郵便のWebサイトから会員登録を行います。そして、提供されているWordファイルのひな形をダウンロードして文書を作成します。紙の場合と異なり、Wordの標準的な設定で記入した場合は１枚に1,584文字も記載することが可能で、最大５枚までの文書を作成することができます。文書の作成後にアップロードすると、あとは日本郵便が封筒なども準備して印刷して封印した後、内容証明郵便として発送します。発送後は、受取人あてに正本、差出人あてに謄本が一般書留によって配達されます。

e内容証明の場合、料金も郵便局窓口で出すより安くなり、クレジットカードや料金後納で料金を支払うことができます。

4 海外で侵害を受けたらどうする

日本だけでなく国外でも知的財産権は侵害される

◉ 侵害行為は国内だけとは限らない

知的財産権に対する侵害は、国内でだけ起こるとは限りません。自分が所有している知的財産権を無断で用いる行為は、海外でなされる可能性も十分にあります。

日本で権利を取得しても、この権利は国境を越えません。グローバル化が進む現代では、製品やサービスが海外で注目される可能性は高く、それに伴い模倣品や商標の不正使用のリスクも増加します。

◉ 侵害を発見したらどうする

原則として知的財産権は国ごとに取得します。そのため、海外で知的財産権を主張する場合には、その国で知的財産権の申請・取得を行うことが必要です。

知的財産権の取得手続きをすませている場合には、まずは知的財産権が侵害されているという事実を証明する証拠を入手します。商品によって知的財産権が侵害されている場合には、その商品を購入する必要があります。また、その国の調査機関などに依頼して証拠を収集することも検討します。

◉ 侵害者に警告をする

知的財産権侵害の証拠を集めた後に、それらの証拠に基づいて警告書を送付します。警告書によって、知的財産権を侵害している商品の回収・破棄などを要求します。また、知的財産権侵害に基づく損害賠償の請求や、知的財産権の使用の対価としてのライセンス料を支払えば今後も相手が知的財産権を使用することを認める旨の通告も、警告書の送付によって行うことができます。

◉ どんな手段をとることができるのか

知的財産権が侵害されている場合には、訴訟により差止請求や損害賠償請求が可能です。あわせて、知的財産権侵害を理由とした刑事告訴・告発が可能かどうかも検討します。

また、輸出禁止命令の発動を求めることも検討する必要があります。多くの国では、知的財産権を侵害している商品を輸出することを禁止しています。そのため、知的財産権を侵害している商品が輸出されることが判明した場合には、その国の国家機関に輸出禁止命令の発動を求めます。

ただ、海外の訴訟や行政手続きの制度は日本の制度とは異なっています。そのためどのような手段を用いるかについて、その国の制度に詳しい専門家の意見を聞いて決定していくことが必要になります。

■ 海外で知的財産権侵害の被害に遭った場合の対応・対策 ……

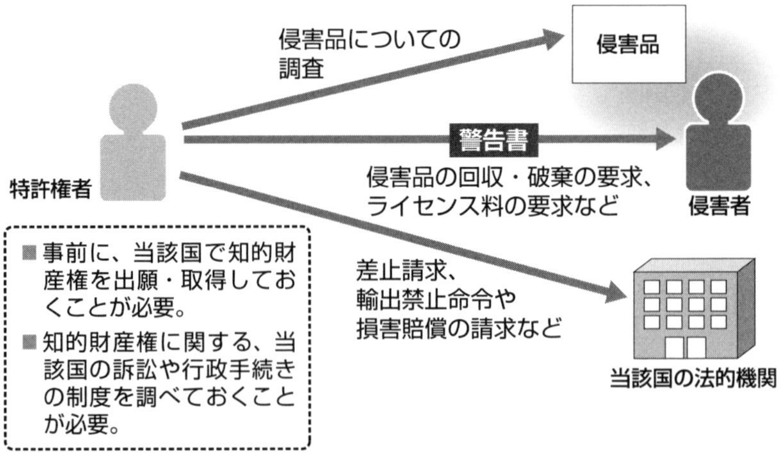

巻 末

特許情報プラットフォーム、インターネット出願などの知識

1 特許情報プラットフォームのしくみ

◉ 特許電子図書館の廃止と特許情報プラットフォームの創設

従来の「特許電子図書館」（IPDL）が刷新され、新たに産業財産権に関する情報提供サービス「特許情報プラットフォーム」（J-PlatPat）が平成27年３月にサービスを開始しました。本サービスは独立行政法人工業所有権情報・研修館（INPIT）によって運営されています。

インターネットを利用して産業財産権についてのさまざまな情報を無料で検索・閲覧したい場合は、この特許情報プラットフォーム（https://www.j-platpat.inpit.go.jp/）を利用すると大変便利です。

簡易検索をする際は、トップページにある簡易検索用の部分で検索したい法域を「商標」などと選択した後、入力欄に検索用のキーワー

【特許情報プラットフォームのトップページ】

ドや番号などを入力します。たとえば、安全靴に関する発明について検索する際は、法域を「特許・実用新案」と選択し、入力欄に「安全靴」と入力して「検索」をクリックします。さらに、詳細な検索をする際は、トップページ上部の「特許・実用新案」「意匠」「商標」「審判」と書かれているプルダウンメニューの部分にカーソルを当てると、その下にさらに詳しいメニューが出てきます。

◉ 特許・実用新案についてのサービス

「特許・実用新案番号照会/OPD」「特許・実用新案検索」「特許・実用新案分類照会（PMGS)」のサービスが提供されています。

①　出願番号・公開番号・特許番号などをもとに公報の内容を調べる場合

「特許・実用新案番号照会/OPD」を選択し、入力種別として「番号入力」を選択した後、番号種別の「特許出願番号」などの右側の入力欄に調べたい番号を入力して「照会」をクリックします。

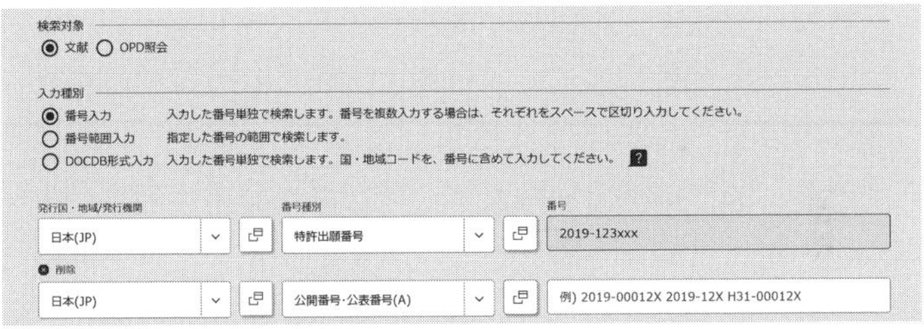

検索結果に登録番号が表示されていれば特許掲載公報の内容、公開番号が表示されていれば出願公開公報の内容をテキスト表示またはPDF表示で見ることができます。さらに、PDFファイルをダウンロードすることもできます。また、「経過情報」をクリックすると審査記録や登録記録なども見ることができます。

また、ステータスの欄は特許出願や特許権の手続き段階を表しており、「審査請求前」「審査中」「査定不服」「特許有効」「異議・無効」「(出願の）却下・拒絶」「特許 消滅」の７段階に分類されています。

②　発明・考案の内容のキーワードをもとに調べる場合

「特許・実用新案検索」を選択し、検索項目（「全文」「書誌的事項」「発明・考案の名称／タイトル」「要約／抄録」「請求の範囲」など）を選択した後、右側の入力欄に調べたいキーワードを入力して「検索」をクリックします。たとえば、請求の範囲の中に「画像データ」または「画像情報」の記載があり、かつ請求の範囲の中に「ゲーム制御方法」の記載がある特許・実用新案を検索する場合の具体的な入力例は、次のとおりです。

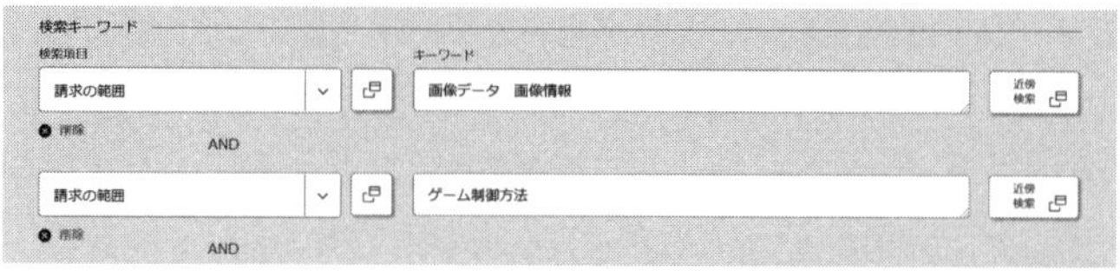

なお、検索結果の対象を日本特許庁への出願日の範囲を指定して絞り込みたい場合は、まずテキスト検索対象の文献種別で「国内文献」だけにチェックを入れます。次に、下の方にある検索オプションを開き、日付指定の項目で「出願日」を選択します。もし、2015年に出願したケースだけを対象にしたい場合は、出願日の右側にある日付入力欄に「20150101」～「20151231」と入力して、「検索」をクリックします。すると、2015年に出願したケースだけが結果表示されます。

また、2015年に出願して特許を受けられたケースだけを対象にしたい場合は、日付指定の下にある登録案件検索で「登録ありで絞り込む」にチェックを入れます。すると、2015年に出願して特許を受けられたケースだけが結果表示されます。

◉ 商標についてのサービス

「商標番号照会」「商標検索」「日本国周知・著名商標検索」「不登録標章検索」「図形等分類表」「商品・役務名検索」のサービスが提供されています。

①　出願番号・登録番号・国際登録番号などをもとに公報の内容を調

べる場合

「商標番号照会」を選択し、番号種別の「出願番号」などの右側の入力欄に調べたい番号を入力して「照会」をクリックします。

② 同じ文字を含む商標がすでに登録されていないか調べる場合

「商標検索」を選択し、検索項目を「商標（検索用)」にして入力欄に調べたい文字を入力して「検索」をクリックします。すると、入力した文字と一致する商標が結果表示されます。また、文字の後に？を入力すると前方一致検索、文字の前に？を入力すると後方一致検索、文字の前後に？を入力すると中間一致検索をすることもできます。

③ 称呼が類似している商標がすでに登録されていないか調べる場合

「商標検索」を選択し、商標の検索項目として「称呼（類似検索)」を選択した後、入力欄に調べたい読みをカタカナで入力し、さらに商品・役務の検索項目として「類似群コード」を選択した後、入力欄に対象範囲の類似群コードを入力して「検索」をクリックします。たとえば、指定役務「飲食物の提供」(類似群コード：42B01）の範囲で読みが「トッキョ」である商標がすでに登録されているか類似商標も含めて検索する場合の具体的な入力例は、次のとおりです。

複数の類似群コードを対象に調べたい場合は、入力欄で空白を間に挟んで複数の類似群コードを横に並べて行くとOR検索ができます。

なお、長い称呼の場合は分けて調べることも必要です。たとえば、「ショウヒョウレストラン」のように一つの商標から複数の称呼が発生するような場合は、その一部を抽出して「ショウヒョウ」だけでも検索してみることが必要になってきます。

④　外観が類似している商標がすでに登録されていないか調べる場合

図形商標や文字と図形の結合商標がすでに登録されていないか調べたい場合は、その図形に対応するコードをまず確認します。具体的には、商標の「図形等分類表」を選択し、キーワード検索などを使って行きます。たとえば、桜の花の図形を使用した商標であれば、キーワードとして「桜の花」を入力して検索すると、「桜の花」のコードが「5.5.19.04」であることがわかります。そして、商標の「商標検索」を選択し、商標の検索項目として「図形等分類」を選択して入力欄に「5.5.19.04」と入力すると桜の花の図形が含まれた商標が結果表示されます。たとえば、指定役務「飲食物の提供」(類似群コード：42B01)の範囲で桜の花の図形が含まれている商標がすでに登録されているか類似商標も含めて検索する場合の具体的な入力例は、次のとおりです。

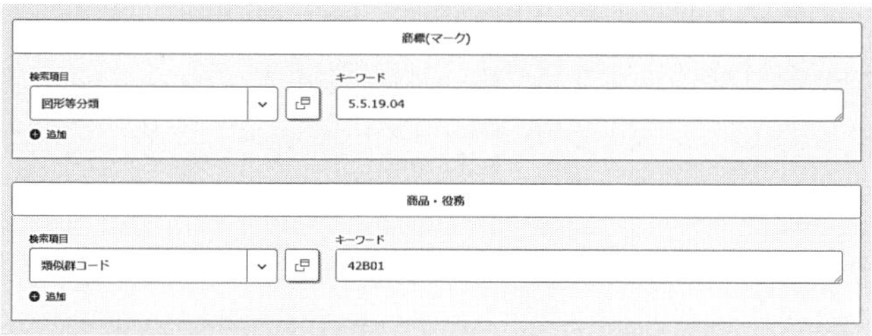

⑤　商品・役務の具体例を区分をもとに調べる場合

「商品･役務名検索」を選択し、検索キーワードの「商品・役務名」の入力欄に調べたい商品・役務名、「区分」の入力欄に調べたい区分の番号などを入力して「検索」をクリックします。たとえば、第43類で「ラーメン」という言葉を含む役務名を検索する場合の具体的な入力例は、次のとおりです。

「商品・役務名検索」を使うと商品・役務名と共に類似群コードも表示されるので便利です。類似群コードを手掛かりにして類似範囲内にある商品・役務を調べることができます。たとえば、「商品・役務名」の検索キーワードとして「ボールペン」と入力して検索すると、ボールペンが第16類に属して類似群コードが25B01であることがわかります。次に、入力をクリアして「商品・役務名検索」で「類似群コード」の検索キーワードとして「25B01」と入力して検索すると、第2類の印刷インキ、第８類のパレットナイフ、第９類の計算尺、第17類の梱包用テープ、第24類の布製ラベルなどもボールペンの類似商品に該当することがわかります。

◉ 審判についてのサービス

査定系不服審判や当事者系審判に関する審決、異議決定及び判決公報を検索することができる「審決検索」のサービスが提供されています。審判番号がわかっていてその審決内容を知りたい場合は、「入力種別」で「番号入力」を選んで、検索キーワードの「キーワード」の入力欄に調べたい審判番号を入力して「検索」をクリックすることにより、その審判の審決公報の内容をテキスト表示やPDF表示で見ることができます。具体的な入力例は、次のとおりです。

また、「入力種別」で「キーワード入力」を選択し、「全文」「審決結論」などの検索項目に調べたいキーワードを入力して検索すると、査定系審判、異議申立、当事者系審判、判決公報の中から、該当する審決公報などが結果表示されます。

2 特許庁への納付方法

◉ 特許庁への料金の納付

出願や登録の際などに、特許庁へ手数料として特許印紙代の納付を求められます。ただし、特許庁への書類の提出方法としては、インターネット出願ソフトを使ってオンラインで提出する方法、郵送により紙で提出する方法、特許庁の窓口に紙で直接提出する方法などがあります。この提出方法の違いにより、可能な納付方法も変わりますので注意しましょう。なお、ここで説明する特許印紙代の他に、登録後の移転登録申請や表示変更登録申請の時などに登録免許税として収入印紙代の納付が求められこともあります。納付先は、特許印紙代は特許庁、収入印紙代は国税庁になります。

◉ 6つの納付方法がある

①　特許印紙

まず、各地の集配郵便局や特許庁の売店で必要な金額分の特許印紙を購入します。この印紙を特許庁へ提出する書類の左上などに貼付し、貼付した印紙の下に小さく（14,000円）というように納付金額を記載し、書類を特許庁へ提出することで支払いが完了します。特許印紙には割印などせずに提出します。この方法では、書類に【手数料の表示】の項目を記載しません。

②　予納

まず特許庁に事前に「予納届」を提出して自分用の予納台帳を開設し、銀行振込または電子現金で予納しておきます。そうすると、書類提出の際に、この予納台帳から必要な金額が特許庁によって引き落とされます。残高不足で引き落としができなかった場合は、補正指令などの対象となりますので、残高不足にならないように注意しましょう。

書類の【手数料の表示】の項目には、次のように記載します。ただし、この項目名は、特許料の納付の際は【特許料の表示】、商標の登録料の納付の際は【登録料の表示】となります。以下、③～⑥の場合も同様です。

【手数料の表示】
　　【予納台帳番号】　　０００００００
　　【納付金額】　　　　１４０００

③　**現金納付**

まず特許庁へ専用の「納付書」を請求し、送られて来た納付書に必要事項を記入して銀行の窓口で振り込みます。そして、受領した納付済証（特許庁提出用）を特許庁へ書面で提出します。インターネット出願の際は出願書類とは別に３日以内に手続補足書に添付して書面で提出します。ただし、この方法は特許料・登録料納付などのオンライン手続きなどには利用できませんので注意しましょう。

書類の【手数料の表示】の項目には、次のように記載します。

【手数料の表示】
　　【納付書番号】　０００００００００００

④　**電子現金納付**

インターネット出願ソフトの補助機能を使用して書類毎に納付番号を取得し、インターネットバンキングやATMでPay-easyを利用して料金を支払います。納付番号取得から30分以内であれば、情報を引き継いで銀行のインターネットバンキングにログイン後のPay-easyの画面で新たに納付番号などは入力することなく画面表示を確認する入力などにより簡単に支払い処理を完了できます。30分経過後は、ログイン後のPay-easyの画面でインターネット出願ソフトで出力された収納機関番号（00100）、納付番号（数字16桁）、確認番号（数字６桁）などを入力して支払い処理を完了します。支払い処理の状態は、インターネット出願ソフトの納付番号照会／更新機能によって納付番号毎に確認することがきます。具体的には、支払い前の時は「未処理」、支払い済みの時は「納付済」、手続きに使用された後は「使用済」と表示されます。初回のみ電子現金納付専用パスワードと電子現金納付者カナ氏名の設定が必要です。

提出書類の【手数料の表示】の項目には、次のように記載します。

【手数料の表示】 　　【納付番号】　００００－００００－００００－００００

⑤　**口座振替**

まず特許庁のサイトでダウンロードできる所定の申出書を作成し、書面で特許庁に提出して、口座振替に使う銀行口座を登録します。認められると振替番号通知が特許庁から送られてきます。そして、口座振替納付に使用する振替番号などを記載した書類を提出すると、特許庁が登録されている口座から納付金額を手続きと同時に引き落とします。残高不足で引き落としができなかった場合は、補正指令などの対象となりますので、残高不足にならないように注意しましょう。

書類の【手数料の表示】の項目には、次のように記載します。

【手数料の表示】 　　【振替番号】　　　００００００００ 　　【納付金額】　　　１４０００

⑥　クレジットカード

まず3Dセキュア登録済みのクレジットカードを準備します。3Dセキュアとは、カード決済をする際にカード番号の他に事前登録した暗証番号の入力が求められるクレジットカード発行会社が採用している本人認証サービスです。インターネット出願の開始後、クレジットカード登録情報照会が行われて決済代行サービス業者のサイトに移行するので、決済に使用するカード情報を入力します（2回目以降は登録したカードを選択できます)。カード会社の3Dセキュア画面に遷移した場合は事前登録した暗証番号を入力します。なお、カードの決済手数料は発生しません。また、紙出願で特許庁窓口に書類提出する場合もクレジットカードによる納付ができます。

書類の【手数料の表示】の項目には、次のように記載します。

【手数料の表示】
　　【指定立替納付】
　　【納付金額】　１４０００

■ 特許庁への納付方法

	オンライン提出	紙提出	
		郵送	特許庁窓口
特許印紙	×	○	○
予納	○	○	○
現金納付	△	○	○
電子現金納付	○	○	○
口座振替	○	×	×
クレジットカード	○	×	○

△：登録料の納付などは対象外

3 インターネット出願の方法

◉ インターネット出願のメリット

インターネット出願とは、会社や自宅のＰＣからインターネットを利用して電子データで特許庁へ行われる出願のことで、電子出願やオンライン出願ともいいます。インターネット出願では、即日出願番号などが付与され、登録査定や拒絶理由通知なども特許庁のコンピュータから直接電子データで送付されてきます。

インターネット出願には、紙による出願と比べて、いくつかのメリットがあります。まず、特許庁に郵送や持参をしなくても、会社や自宅にいながら、コンピュータ上の操作だけで特許庁に出願できる点です。書留料金や交通費などがかからないのもメリットだといえるでしょう。さらに、特許庁のサーバーのメンテナンスの時間を除いて、基本的には、１年中24時間、いつでも出願することができるというメリットもあります。また、料金の納付も、特許印紙を購入したりせずに電子現金納付などにより特許印紙代を納付することができます。

◉ 事前準備

電子証明書にマイナンバーカードを使って出願する例で説明します。準備する物は、PC、カードリーダー、マイナンバーカード、特許庁提供のインターネット出願ソフト、インターネット環境などです。ただし、出願ソフトは、Windows OSだけに対応しているので注意しましょう。また、マイナンバーカードを利用するので、先に公的個人認証サービスのJPKI利用者ソフト（利用者クライアントソフト）をPCにインストールしておきます。

そして、出願ソフトをPCにインストールし、識別番号取得＆利用登録メニューを利用してインターネット出願に使う自分用の識別番号を新規取得し、識別番号と電子証明書の組み合わせを特許庁に登録します。これにより手続ごとに本人認証が行われ、マイナンバーカードを使ったインターネット出願が特許庁にできるようになります。

◉ 出願書類の作成

提出する書類は、Wordなどのワープロソフトや VS Codeなどのエディタを使って、HTML形式で作成します。標準文字商標の出願書類をWordを使って作成する例で説明すると、まず出願ソフトと同様に特許庁から提供されているひな形のファイルの中から、「4110_商標願　標準文字.htm」のファイルをWordで読み込みます。読み込んだファイルを自分の出願内容に合うように商標や識別番号などを修正して出願書類を作成します。入力する文字は半角文字を使わず、数字を含めて全角文字を使用して作成します。作成して保存する時は、「名前を付けて保存」を選択して「Webページ（フィルター後）（*.htm,*.html）」で保存すると不要なタグを整理できます。

また、商標登録出願人の欄に、出願人の氏名を入力しますが、髙田さんの髙（はしごだか）のような一部の漢字はそのままでは送信することができません。その際は、置き換え記号▲▼を使って「▲高▼田」のように置き換えて入力します。

◉ フォーマット変換と送信ファイルの完成

次に、出願ソフトを起動します。ログイン方法には、ゲストと本人の２つの起動方法があります。ゲストのときは、書類の表示などはできますが特許庁への送信はできないので、送信前の準備段階の時などに利用すると便利でしょう。本人で起動するときは、マイナンバーカードをカードリーダーにセットして、認証局サービス名として「個人番号カード　公的個人認証サービス」を選択し、「利用者証明用」「署名用」の２つのパスワードを入力する本人認証を経てログインします。

そして、GUESTフォルダ以外の利用者フォルダなどで送信ファイル→文書入力→ファイル読み込みを選択後、Wordで保存したファイルを指定して読み込むと、書式チェックが行われ電子署名が付与された特許庁提出用送信ファイルにフォーマット変換されます。読み込み後に、警告やエラーの表示が出ている場合は、入力チェック結果に保存されているファイルを開いてエラー内容などを確認し、必要に応じてWordで再作成するなどして正常と表示されるまで修正します。

エラーの原因としては、必要な項目が入っていない、イメージデータが適切でない、などがあります。必要な項目が入っていない場合は書類の書式を確認して追記します。イメージデータが適切でないケースは、標準文字商標以外で必要な商標のイメージデータや特許図面のイメージデータなどで発生します。原因としてはファイル形式やデータサイズが所定のものでないことが考えられます。商標が白黒の場合

■ 標準文字商標の願書の記載例

【書類名】　商標登録願
【あて先】　特許庁長官殿
【商標登録を受けようとする商標】
　　　商標登録味噌
【標準文字】
【指定商品又は指定役務並びに商品及び役務の区分】
　　【第３０類】
　　【指定商品（指定役務）】　みそ
【商標登録出願人】
　　【識別番号】　　　１２３４５６７８９
　　【氏名又は名称】　　▲高▼田　一郎
【手数料の表示】
　　【納付番号】　１２３４－１２３４－１２３４－１２３４

はファイル形式がPNG,GIF,BMPでモノクロ２値で保存されていないとエラーになります。カラーの場合はファイル形式がJPEGでなければなりません。イメージデータの最大サイズは、白黒の場合は2362ドット×2362ドット、カラーの場合は1181ドット×1181ドットですので、これを超えるとエラーになります。

正常と表示された際は、書類を出願ソフトで画面表示や印刷するなどして内容に問題がないかを確認します。気をつけなければならないのは、商標の特に漢字がWordで作成した時と同じかどうかの確認です。たとえば、味噌の噌のような難しい漢字の場合にWordと出願ソフトでは表示内容が変わっていることがあるので気をつけましょう。

もし出願ソフトの表示内容が自分の意図している表示と違う場合は、標準文字商標としてではなく、商標をイメージファイルで作成して送信する通常の商標登録出願に作り直して特許庁へ提出することなどを検討して、特許庁への送信ファイルを完成させます。

◉ 送信ファイルを特許庁へ送信

このようにして作成された送信ファイルを特許庁にインターネットを利用して送信します。具体的には、送信ファイルフォルダ内にある送信するファイルを選択した後、「オンライン出願」「OK」とクリックすると送信処理が開始されます。

送信したデータが無事に特許庁のサーバーに到達すると、受付番号と送信結果の通知がオンラインで送られてきます。続いて受領書を要求すると、出願番号の通知と共に受領書が送られてきます。

送信後に受領書フォルダ内の該当する受領書ファイルを選択した後に「表示」をクリックして、出願を特許庁が確かに受信していることを確認します。受領書には特許庁から付与された出願番号などが記載されています。

4 申請手続のデジタル化

◉ 従来電子申請できなかった申請書類の電子申請が原則可能に

特許庁では、新型コロナウイルス感染拡大防止・予防のための新しい生活様式への移行、今後急速に発展するデジタル社会への対応、行政手続のさらなる利便性向上などを目的として、令和３年に「特許庁における手続のデジタル化推進計画」を公表しました。これを踏まえ、令和５年６月に法改正が行われ、令和６年１月１日に施行されました。

施行後は、特許庁に提出する申請書類のうち、今まで電子申請ができなかった申請書類について、原則として電子申請が可能となります。そして、特許庁へ提出する申請書類のうち、法改正で電子申請が可能となったものを対象に、電子申請を可能とする新たな機能がインターネット出願ソフトに追加されました。この新たな電子申請のことを「電子特殊申請」と呼びます。

電子特殊申請は、特殊申請機能を用いて、書誌情報を入力した「送付票」を作成し、その送付票に申請書類と共に提出すべき物件があれば「添付書類」としてPDF形式で添付の上送信することになります。

電子特殊申請の開始により、出願ソフトを使用して申請可能となる手続は以下の12カテゴリに分類されます。

①出願関連手続（国内）、②PCT受理官庁、③ハーグ指定国段階手続、④ハーグ国際出願関連手続、⑤マドプロ指定国官庁手続、⑥マドプロ本国官庁、⑦移転登録申請関連手続、⑧登録関連手続（移転登録申請関連手続以外）、⑨審判関連手続、⑩証明請求関連手続、⑪申請人登録関連手続、⑫その他手続

また、現在押印が求められている移転登録申請書に添付する譲渡証書などの証明書についても、デジタル庁が発行する電子署名をすることで電子特殊申請により提出することができます。

◉ 電子特殊申請の方法

まず、PCでワープロソフトなどを用いて申請書類を作成後、書類をPDF化します。次に、出願ソフトの新規機能「特殊申請」を用いて、送付票を作成します。たとえば、書類カテゴリ「出願関連手続(国内)」、四法「特許」、筆頭物件名「手続補足書」などと選択し、出願番号などの必要項目を入力して作成します。送信ファイル作成後は、「オンライン出願」を選択して、特許庁に書類一式を送信します。

電子特殊申請では、一つの送付票に対しては一つしか申請書類を提出できません。出願ソフトを用いて手続を行う者と申請書類に記載している手続者は同一人でなければなりません。また、手数料の納付を伴う手続の場合、送付票と申請書類に記載する納付方法は、同一でなければなりません。

■ 電子特殊申請で可能となる手続 ……………………………

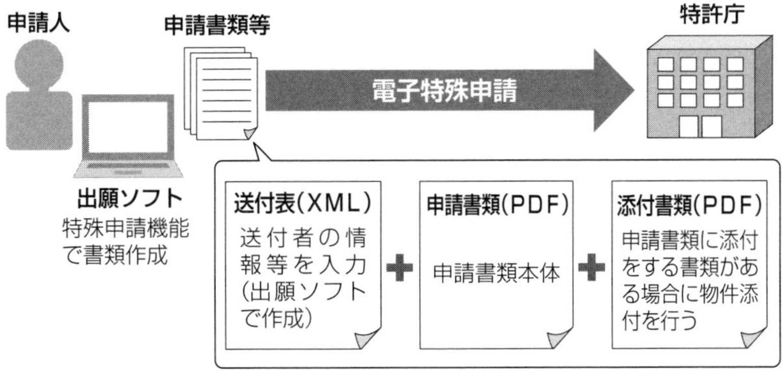

出典：特許庁のホームページを基に作成

【監修者紹介】

渡辺　弘司（わたなべ　こうじ）

宮城県仙台市生まれ。東北大学卒業。弁理士（日本弁理士会所属）。現在、神奈川県横浜市にて特許事務所を開業している。全国からの依頼に応じて、特許、商標、意匠、実用新案などの特許庁への出願、執筆活動など幅広い業務を行っている。
本書の他に、『図解で早わかり 知的財産権の基本と実務』『図解 最新知的財産権の法律と手続きがわかる事典』『特許・実用新案のしくみと手続き』『商標・意匠のしくみと手続き』『図解で早わかり 特許・商標のしくみ』（小社刊）などがある。

すぐに役立つ
入門図解　特許・商標の法律と出願・申請手続き

2024年７月20日　第１刷発行

監修者　渡辺《わたなべ》弘《こう》司《じ》
発行者　前田俊秀
発行所　株式会社三修社
〒150-0001　東京都渋谷区神宮前2-2-22
TEL　03-3405-4511　FAX　03-3405-4522
振替　00190-9-72758
https://www.sanshusha.co.jp
印刷所　萩原印刷株式会社
製本所　牧製本印刷株式会社

ISBN978-4-384-04944-2 C2032